ESPACIOS IMAGINARIOS I

COLECCIÓN

ARQUITECTURA Y HUMANIDADES

MARÍA ELENA HERNÁNDEZ ÁLVAREZ

COMPILADORA

Primera edición 2015

Directorio

Dra. en Arq. María Elena Hernández Álvarez
Directora

Mtra. en Arq. Patricia Barroso Arias
Coordinación de Contenido Editorial
Versión impresa y versión digital en: www.architecthum.edu.mx
Colaboración:
Arq. Milena Quintanilla Carranza

Mtro. en Arq. Federico Martínez Reyes
Coordinación Editorial
Colaboración:
Cynthia Sugey Acosta Ibarra
Diego Bonilla Bastida
Alicia Guadalupe Wong Hernández
Roberto Israel Peña Guerrero

Mtro. Guillermo Samperio/Rodrigo de Sahagún
Fundación Cultural Samperio, A.C.
Revisión ortotipográfica y de estilo

Ilustración de portada:
Federico Martínez Reyes

©ARCHITECTHUM PLUS S.C.
Díaz de León 122-2
Aguascalientes, Aguascalientes
México CP 20000
libros@architecthum.edu.mx

ISBN 978-607-9137-24-3

Presentación

La construcción de la Teoría de la Arquitectura, que es el sustento de todo diseño arquitectónico, implica un complejo proceso reflexivo y crítico mediante el cual se verifica a distancia y en profundidad la enseñanza y la praxis del oficio de ser arquitecto. Si la Arquitectura, es decir, lo habitable, le concierne a todo ser humano, las premisas de ella misma sólo pueden concebirse de manera transdisciplinaria sustentándose en todos los campos del conocimiento porque, además, es a todos ellos a quien va destinado su servicio.

Asimismo, las manifestaciones del humanismo están asociadas a la conciencia social del hombre y a sus circunstancias existenciales en el mundo, de tal suerte que se deben ir generando consideraciones ontológicas y epistémicas en el plano formativo y profesional para el arquitecto. Por ello, asumir una formación humanista desde sus más altos y nobles ideales, constituye una necesidad cada vez más apremiante en el mundo de hoy; y es esto lo que nos transmite una imagen del arquitecto como persona que piensa, que crea y que produce una arquitectura orientada hacia el bien común.

Actualmente, gracias a esfuerzos de profesores e investigadores de nuestro Programa Académico, como la Dra. María Elena Hernández y de su grupo de colaboradores, proyectos editoriales como esta Colección Arquitectura y Humanidades, hacen posible pensar en una Teoría de la Arquitectura impresa con un sello particular en donde el proceso de enseñanza aprendizaje no se concibe ya como un proceso educativo centrado únicamente en la adquisición de conocimientos y habilidades, sino como un compromiso reflexivo y crítico que reclama un cambio de orientación dirigido a la búsqueda de nuevos nexos y relaciones disciplinares, particularmente aquí con las Humanidades.

Así, validando este enfoque transdisciplinar, se escriben y difunden en este proyecto editorial, colección Arquitectura y Humanidades, ideas artísticas, científicas, éticas, filosóficas, poéticas e históricas, que provienen de numerosas visiones del mundo arquitectónico, sustentadas en ideologías, teorías y posturas que están en correspondencia con las exigencias del mundo contemporáneo.

Es esencial que nuestra Facultad de Arquitectura sea parte de las instituciones educativas que contribuyen a la formación de arquitectos conscientes y reflexivos para que esto nos permita, no solamente vivir en el mundo actual, sino además, transformarlo de manera transdisciplinaria para la sustentabilidad y sostenibilidad que el futuro nos demanda.

Así, la Colección Arquitectura y Humanidades nos convoca a la reflexión filosófica que comprende a la arquitectura desde su núcleo, el hombre, y al arquitecto como el profesional dotado de razón, de conocimiento y de capacidad para construir, pensar y diseñar lugares de verdadera calidad habitable.

Sabemos que este proyecto editorial queda establecido para ser puerta abierta permanente a las colaboraciones de quienes consideren el trabajo transdisciplinario como una fuente necesaria para validar, hoy más que nunca, las pautas de diseño de los espacios que los seres humanos habitamos.

Mtro. en Arq. Alejandro Cabeza Pérez
Coordinador del Programa de Maestría y Doctorado en Arquitectura
Facultad de Arquitectura
Universidad Nacional Autónoma de México
Enero de 2015

Prólogo

La *Colección Arquitectura y Humanidades*, tiene el objetivo de fortalecer los lazos entre ambos campos de conocimiento, ya que uno sin el otro no podrían concebirse. Si comprendemos que, tanto la Arquitectura como las Humanidades conciernen a todo ser humano, es por ello que este proyecto centra su propósito en compartir los esfuerzos de muchas personas por enriquecer los encuentros transdisciplinarios que coadyuvan al compromiso con la calidad de las pautas de diseño de los espacios que habitamos los seres humanos.

En este proyecto editorial presentamos numerosos trabajos de exalumnos y profesores del Seminario y Taller de Investigación *Arquitectura y Humanidades* fundado en 1997 en el Programa de Maestría y Doctorado en Arquitectura de la Universidad Nacional Autónoma de México. A partir de ese año, esta *Colección Arquitectura y Humanidades*, tanto en sus versiones digitales como en la impresa, también se ha visto enriquecida de manera significativa con la generosa colaboración de muchos académicos y profesionales de diversas instancias y países.

Los números de este proyecto editorial se presentan organizados en temáticas generales abiertas para multiplicarse secuencialmente. Los artículos en cada número dan a conocer importantes reflexiones teóricas cuyo interés primordial es contribuir a la formación de investigadores y de docentes, así como el promover la generación y divulgación del conocimiento y la cultura arquitectónica y humanística.

Inaugura la lista de autores el Dr. Jesús Aguirre Cárdenas, quien, además de contribuir con un importante ensayo sobre el tema central de esta Colección, ha otorgado en todo momento su apoyo al proyecto académico *Arquitectura y Humanidades*. Expreso aquí mi profunda gratitud y admiración al Dr. Jesús Aguirre Cárdenas por su confianza a esta propuesta académica editorial y, sobre todo, por su inigualable ejemplo humano a seguir; él siempre abriendo caminos.

Por mi conducto, todos los autores que participamos en esta Colección expresamos nuestra gratitud a las autoridades de la Facultad de Arquitectura de la Universidad Nacional Autónoma de México, especialmente a su Director el Arquitecto Marcos Mazari Hiriart, al Maestro en Arquitectura Alejandro Cabeza Pérez, Coordinador del Programa de Maestría y Doctorado en Arquitectura y al Maestro en Arquitectura Salvador Lizárraga, Coordinador editorial de la Facultad de Arquitectura, por el reconocimiento que otorgan a la trayectoria de los autores que participan en esta *Colección Arquitectura y Humanidades*, así como a la calidad de los ensayos que en ella se presentan.

Finalmente, mi especial reconocimiento a la Maestra en Arquitectura Patricia Barroso Arias y al Maestro en Arquitectura Federico Martínez y a sus colaboradores por las incontables horas de entrega, creatividad, compromiso, liderazgo y confianza a este proyecto editorial.

8

María Elena Hernández Álvarez
México, Distrito Federal , diciembre de 2014

ESPACIOS IMAGINARIOS I

Introducción

MILENA QUINTANILLA CARRANZA

Cuandopensamosenelsignificadodelaimaginación,generalmente relacionamos el término con su etimología, lo que nos conduce a considerarla como una facultad de formarnos imágenes de la realidad en la mente. Sin embargo, la imaginación es mucho más que una facultad humana; la imaginación es un proceso superior complejo que nos permite trascender nuestra condición humana, nos posibilita traspasar las fronteras del mundo físico e incluso del mundo de las ideas. La imaginación es una función temporal, utópica que nos permite figurar previamente a crear, pero no sólo figurar formas visuales, como podría confundirnos el acudir a este vocablo; sino figurar nuevos modelos, nuevos paradigmas, nuevas vidas.

Por su parte, la arquitectura no podría ser sin los espacios; es decir, si prescindiera de todo lo que nos rodea, sin ese lugar donde se encuentran las cosas y en el que los eventos y las relaciones humanas que ocurren tienen una posición y dirección relativas. En tanto, el espacio arquitectónico no podría cobrar sentido sin la imaginación, puesto que ésta hace posible la creación de conceptos, cosas y por supuesto, de espacios, los cuales necesariamente fueron prefigurados, preconcebidos, pre habitados y diseñados en algún momento previo a su existencia.

Así, nos encontramos ante una triada indivisible: arquitectura-espacio-imaginación, tres palabras que se funden en un solo ente durante el proceso de diseño arquitectónico, y es precisamente por ello que los espacios imaginarios no son soliloquios en la teoría del diseño, sino que son tan sustanciales como los objetos urbano-arquitectónicos tangibles, de los cuales nos vemos rodeados siempre y cotidianamente en nuestras vidas, puesto que estos, tienen la capacidad de definir los anhelos y las cosmovisiones de las comunidades humanas que los habitarán.

Es sabido que en el paradigma contemporáneo del S. XXI, la razón, como característica dominante del ser humano, ha pasado poco a poco a un segundo plano. Es decir, jamás la razón dejará de ser un elemento que nos defina como especie en gran medida, pero es la imaginación la que mejor puede actuar como propulsora de aquella, la razón, pudiéndose incluso desprender de ella misma, dado que tiene la capacidad de mediar entre el entendimiento y la sensibilidad, asunto que siempre ha sido motor de inspiración en las más sorprendentes creaciones de la humanidad.

Ante esta revolución filosófica, los espacios imaginados, ya sea por escritores, artistas, arquitectos, o incluso poetas, llaman a nuestra curiosidad y detenida observación por encima de los espacios puramente funcionales. Es así que, la pregunta por el diseño del espacio más confortable, más atractivo y más espectacular, se convierte en la pregunta por la interpretación, diseño y materialización del espacio imaginado, que es a su vez el espacio verdaderamente anhelado, el espacio realmente necesitado.

Sensibilidad energética o la percepción de un invidente

Análisis y comprensión tras haber escuchado en conferencia a Francesc Miñana i Armadàs

MARIO CALERO VIZCAÍNO

El instinto de supervivencia o el trayecto hacia la luz

El hombre, vio hasta los ocho años cuando se le desprendió la retina, dos ventanas en su rostro se cerraron permanentemente. Existen diversos niveles de ceguera, él la asumió en su totalidad, ahora se le puede escuchar porque ya tiene una vida que contar. En su relato habló de cómo encontró nuevamente la luz. Sí un niño carece de instintos mejor que se quede en casa y que la familia lo cuide.

En otras palabras, no hay que sobreproteger a los críos. ¿Por qué...?, Al llegar el momento en el cual quieran salir adelante y luchar para satisfacer sus necesidades, tendrán que utilizar sus instintos de supervivencia. Metafóricamente hablando: cuando un animal pasa demasiado tiempo enjaulado, o en cautiverio, no le es posible regresar a la libertad que le ofrece su medio natural porque sus instintos para obtener alimento se han apagado y consecutivamente el animal muere.

Recuerda con gusto sus tiempos de colegial cuando los alumnos se alteraban por su inusual presencia. Cuesta más esfuerzo ganar la confianza de los demás cuando tienes una carencia. Con orgullo recuerda las reacciones de reconocimiento que le brindaron aquellos compañeros que entendieron su camino. Se jacta: Yo con mi carácter. Esto demuestra la dignidad y el valor con el que ha superado los miedos a los cuales se ha enfrentado durante la trayectoria de su vida. Estudió derecho y actualmente participa en el mecanismo social como un exitoso empresario.

Todos tienen que ganarse la vida

Resulta contraproducente sobreproteger a los críos en la etapa formativa porque el resultado será debilitarlos en vez de fortalecerlos. Es prioritario que ejerciten sus instintos para satisfacer sus necesidades y más adelante poder ser autónomos.

El arte de la comunicación ó el equilibrio de los sentidos

Cuando físicamente sostienes una conversación utilizas la mirada para examinar los ojos de tu interlocutor, de esta manera validas la comunicación. Él fue más natural para comunicarse, más auténtico. Cuando converses con un ciego guarda los ojos y escucha. Su método para catalogar una conversación es la evaluación de la voz.

Cuando hables, procura hacerlo con autenticidad, ser natural; procura no fingir ni mencionar temas que no conozcas esto altera tu ánimo y delata tu falta; procura hablar de manera pausada y tranquila; procura articular con nitidez tus ideas; cuida que la entonación de tu voz corresponda a la emoción de la idea.

Hecho: estudios demuestran que los humanos basamos aproximadamente el 80% de nuestra sensibilidad en la vista.

Escuchándolo entendí que debemos equilibrar nuestra percepción. Nuestra especie, como por gravedad, se entrega a sobrevivir realizando el mínimo esfuerzo. ¿Que pasaría sí, disminuyésemos nuestra dependencia del sentido de la vista? Él utiliza el oído, el tacto y el olfato como receptores de información, puedo imaginar su percepción de la vida, de la música...

Entendiendo que su percepción es más educada, detallada, precisa y fractal, entonces ¿de qué manera escuchará la interpretación del arte de la fuga de Bach sentado en un auditorio que goce de buena calidad acústica?

A la educación le corresponde dar un giro en donde se integren ejercicios de superación y equilibrio sensoriales. De este modo la humanidad superará el estado de inopia perceptiva, que denota pobreza, y mejorará su forma de ver, de escuchar, de sentir y de vivir.

Se guía con la memoria... Nosotros videntes entendemos la fuga por medio de aperturas, como por ejemplo las puertas que nos permiten transitar entre espacios. ¡Él utiliza la memoria!

Seguramente, tendrá contabilizado el esfuerzo energético corporal, entrelazado con la direccionalidad de movimientos en el tiempo que necesita, desde su ubicación estacionaria hasta la fuente de agua, cuando tiene que saciar su sed.

Sensibilidad energética
o la percepción de un invidente | Análisis y comprensión tras haber escuchado en
conferencia a Francesc Miñana i Armadàs

Su ubicación dentro de los espacios sucede a través del oído, del tacto, del olfato y de su relación con la memoria, lo que le otorga la libertad del movimiento. Al igual que memorizamos elementos visuales que identificamos como señales, él reconoce sonidos, texturas y olores; por ejemplo, el ritmo energético de ondas sonoras emitidas por una fuente de agua que cae y la direccionalidad de su proveniencia.

Ellos los ciegos o su integración social

Sucede a menudo que los ciegos nos encerramos a pensar dentro de nuestro cuerpo-caparazón. De esta manera llevamos a cabo un ejercicio mental periódico. Este ejercicio permite que a la mayoría de los ciegos se les agraven las virtudes o defectos psíquicos. Es común, (cuando es conveniente, encontrar a un ciego encerrado en su mundo de no vidente).

¡Los ciegos no deben hacer comida aparte! La frase anterior resume un sentimiento de exclusión que percibe socialmente. Habrase enfrentado ante esta eventualidad constantemente. Si recordamos los términos matemáticos de conjunto y subconjunto podemos relacionar, entender y aceptar que la carencia de visión no excluye a un ser humano de ser humano. ¡En vez de restar y dividir encaminémonos a sumar y agrupar!

Los ciegos que vayan todos juntitos.

El ciego lucha por integrarse a una sociedad excluyente. Corresponde a la educación ser incluyente para evitar la segregación social de los minusválidos, es conveniente que esto suceda en cada familia, pero principalmente en los salones de clases en donde se devienen las normativas políticas y sociales.

Las herramientas de desarrollo deben de ser para todos. En este sentido, habla del choque emotivo que recibió cuando entró al colegio teniendo que convivir con niños videntes. Él, siendo uno de los pioneros, porque ahora es más común que la convivencia suceda. Es importante que la sociedad sepa convivir con ciegos, sordos y minusválidos para no segregarlos en institutos. A los ciegos que han estado viviendo siempre entre ciegos les da miedo integrarse a la sociedad.

Mario Calero Vizcaíno

No se puede cargar al estado o al gobierno con el total de los gastos de los minusválidos. Los ciegos inteligentes, con los instintos de supervivencia afilados, pueden esforzarse y buscar una buena educación para ser autónomos y libres. Yo, saco provecho de mis habilidades perceptivas para ubicar virtudes y debilidades en la gente.

Corresponde a la arquitectura como respuesta a la evolución social y global ser incluyente. No debe dejar fuera a ningún ser humano pensando que videntes o invidentes, negros o blancos todos tenemos el mismo derecho de gozar el beneficio del difícil bienestar. Por lo tanto la arquitectura se compromete a evitar obstaculizar y con ello buscar ser concebida desde su inicio para que todos la puedas vivir y disfrutar.

Videntes o infortunados invidentes

Él, a modo de reto, nos plantea una pregunta: ¿Cuántas personas existen que disfrutan de su visión y no saben ver?

Esta pregunta es incomoda porque no existe una estadística establecida que indique una cifra con la cual nos hayamos identificado. Científicamente hablando, no podemos diagnosticar esta enfermedad, al menos no aún. Pero cualquiera que haya leído con cuidado la puede comprender.

¡Un considerable porcentaje de la población global actualmente disfruta de su visión, pero no sabe ver «la luz» de la cual este hombre habla!

Los tres aspectos de la naturaleza humana descritos por San Pablo son: el cuerpo (el trabajo); la mente (lectura y meditación) y el espíritu (la liturgia). La práctica alternada de estos aspectos, provee un efectivo balance de fortalecimiento físico, psicológico, y mental en el ser humano.

Nuestras mentes son constantemente debilitadas por ruidosa información o energías dañinas que nos penetran. Esta violación actualmente está permitida y nos acostumbramos a su incomodidad, asimismo, puede presentarse a manera de: contaminación, ruido, imágenes, modismos; utilizando múltiples facetas.

Sensibilidad energética
o la percepción de un invidente | Análisis y comprensión tras haber escuchado en
conferencia a Francesc Miñana i Armadàs

Para encontrar soluciones primero hay que reconocer el problema.
A principios del siglo XXI surge una invalidez sensorial que se compara con las epidemias del siglo medieval. Este hecho enferma el espíritu de búsqueda, demacra la libertad, condiciona la calidad de vida; y debilita la fe; en síntesis afecta los derechos humanos y por consecuencia la biodiversidad y el medio ambiente resultando una actitud pasiva e insostenible.

¡La humanidad actual necesita reajustar su evaluación perceptiva! Hay que aprender a ver lo que de verdad nos guste ver; hay que aprender a escuchar lo que realmente nos agrade escuchar; hay que aprender a sentir lo que realmente nos atraiga sentir. Es importante experimentar de manera cautelosa para reencontrarnos con la calidez sensorial. Hay que aprender a imponer filtros o membranas psicológicas selectivas y disponer de una potente determinación para evitar que la ruidosa información penetre y contamine nuestro interior.

¡El ser humano no puede seguir prostituyéndose ante la cínica y ruidosa información, necesitamos depurar nuestra percepción de modo radical!

Así me voy dando cuenta que la comunicación es un arte complejo que debe recuperar la ética fundamental, para esto procuraremos permanecer en estado de alerta ante la criminalidad que afecta el inconsciente por medio de tretas publicitarias

Sensibilidad energética o la percepción de un invidente

Entendemos lo que sucede con los músculos de un atleta cuando se ejercita preparándolos para competir; de igual manera los límites sensoriales son flexibles. Esto sucede con los buenos músicos, quienes educan su capacidad auditiva pudiéndola mejorar y conseguir mayor sensibilidad que el promedio de las personas.

Los invidentes que consiguen superar sus miedos y vivir libremente poseen ventajas. Responden intuitivamente a sus afinados sentidos, pues dependen de estos para satisfacer sus necesidades. Su percepción se asemeja más a la de un animal. La meditación introspectiva periódica y constante puede despertar un sexto sentido, ya que podemos percibir ondas energéticas al igual que lo hacen los tiburones.

Los materiales en los acabados arquitectónicos juegan un rol básico para facilitar la ubicación y la comprensión de un ciego en el espacio. Serán materiales reflectantes y no absorbentes, que faciliten la lectura de sensaciones como por ejemplo la amplitud y proporción de un espacio, esta puede aproximarse por la resonancia en las pisadas.

No hay que hacer grandes cosas a las personas que no ven.
La carencia de visión conlleva a la inutilidad de la decoración y por ende a la sencillez. Los mejores espacios para los ciegos son los espacios fluidos; los espacios confinados por curvas. Estos son preferibles a los cantos cortantes.

¡Se siente con todo el cuerpo! Los pies sienten las propiedades físicas del piso: sonoridad, relieves, texturas, temperatura, humedad... Éstas son para los ciegos señales al igual que los anuncios visuales para videntes. ¡Se puede percibir todo un lenguaje en el piso!

Me huele a verduras y a pescados; el olor de la plaza; el olor de las pastelerías. Entonces las pupilas gustativas se ponen en marcha. Esta frase me ha provocado un *déjà vu* de cuando escribí un poema que incluyo al final de este ensayo.

La naturaleza se despierta. Él habla de las cosas que disfruta hacer y menciona entre ellas dar largas caminatas por senderos en la naturaleza, confirmando su alta capacidad sensible al percibir la comunicación con ella, entendiéndola como un ente vivo que respira, se alimenta, se reproduce, se mueve, duerme y despierta.

Así, es responsabilidad de todos, despertar nuestra conciencia sensible y buscar entender los flujos de la energía.

Sensibilidad energética
o la percepción de un invidente | Análisis y comprensión tras haber escuchado en
conferencia a Francesc Miñana i Armadàs

Poema anexo
Sensibilidad

Comienzo por acariciar
la blanca hoja
que quiero llenar,
y con fragilidad intentar definir
la sensibilidad.
Sensibilidad podría ser
escuchar al mudo y
llenar sus oídos
con una cálida respuesta
que promueva la conversación.
Buscar la historia de una mujer
en sus canas y sus arrugas,
que tan abiertamente se exponen,
se enseñan, se exhiben
con calma, con calma.
Es lograr un estado
al momento de besar,
en el que el aire que respira
y el aire que respiras
se mezclen en un mismo aire
compartiendo el contenido interior...
transmitiendo energía
dejándola circular el interior
exaltando los cuerpos,
encendiendo los cuerpos,
que solo son el medio del alma.
Apreciar los distintos olores
que percibo, el domingo,
al caminar por la plaza llena de vida,
distinguirlos a cada paso que das.
Separar cada olor
de la combinación de aromas
que me inundan
en cada respiro que das.
Perderte en el cielo y
dejarme encontrar de nuevo
sentado en la tierra.
Oler los colores y ver la música

23

sentir una imagen y escuchar a la luna
y llorar con la lluvia y escuchar al sol y
bailar con él.
Llenarte de alegría y llorar ó reír ó
suspirar ó tocar.
Besar saber oler y ver ó reír ó llorar
suspirar tocar besar amar llorar reír y
volver a sentir.
Sentir...

(Poesía «sensibilidad», Orelac 31 01 1997, p. 13).

Notas

Todas las frases fueron escuchadas en la plática impartida por Francesc
Miñana i Armadàs en Barcelona el 19.03.03:

Miñana i Armadàs, Francesc, "Los otros y yo". En Francesc Miñana i
Armadàs, Curso de Acústica arquitectónica, 2003: Barcelona, España.
Rafael Serra Florensa, Joan Luis Zamora I Méstre, Doctorado en
Àmbits de Recrea de La Energía I El Medi Ambient a´La Arquitectura,
Construccions Arquitectóniques, UPC.

Bibliografía

Rafael Serra Florensa, Joan Luis Zamora, "Curso de Acústica
arquitectónica", 2003: Barcelona, España, Doctorado en Àmbits
de Recrea de La Energía I El Medi Ambient a´La Arquitectura,
Construccions Arquitectóniques, UPC.

Un Homenaje entre líneas
El Nuevo Museo de la Acrópolis de Atenas

CLAUDIO DANIEL CONENNA

"...Después de dos mil años, los que han visto el Partenón han sentido que había en él un momento decisivo de la Arquitectura..."
Le Corbusier, 1977.

El nuevo museo de la Acrópolis "flota" en el terreno con la misma liviandad que una idea lo hace en la imaginación de la mente creativa. Toca el suelo de la realidad sin apoyarse pesadamente en él y mira al cielo como buscando un reflejo de inspiración. Así, podríamos caracterizar la propuesta ganadora del concurso para el nuevo museo de la Acrópolis de Atenas por los arquitectos Bernard Tschumi (Suiza) y Mijális Fotiádis (Grecia). Se trata de una solución apacible y prudente para un tema de enormes y múltiples complejidades.

La multiplicidad está dada ante todo por la idea de construir un museo sobre un terreno en cuya base se hayan ruinas arqueológicas de distintas épocas de la historia, las cuales, deben quedar intactas y al mismo tiempo formar parte del paseo museológico. El lote se ubica al pie de la Acrópolis, a unos 300 metros abajo, en un espacio bastante reducido y en una zona densamente construida de viviendas colectivas. Todo se dificulta aún más ante la necesidad de adaptarse a una topología de frecuentes movimientos sísmicos, a un sitio de intenso calor durante el verano y fuerte luz natural, más las rigurosas reglamentaciones de construcción del lugar. Y como si todo ello fuera poco, el objetivo del museo es alojar nada menos que una colección única de esculturas pertenecientes a la Grecia Clásica más el Friso del Partenón.

Responder con acertada y fina creatividad arquitectónica a tantos desafíos en conjunto, requiere más que nunca de un pensamiento inventivo y claro. En otras palabras, alcanzar en parte el gran reto de la "Pura creación del Espíritu"[1] integrándose al medio físico -al pie del Partenón-, componer con Esprit Nouveau [2] un sistema plástico actuante de modo armónico, neutral y, simultáneamente comprometido con su espacio inmediato circundante. Y por último, utilizar acorde a las posibilidades de nuestro tiempo "las técnicas como la base misma del lirismo" [3], así como lo ha hecho cada arquitectura de vanguardia en su respectiva época.

Los vencedores del concurso al intervenir en la Acrópolis parecen encarnar el espíritu corbusierano, no sólo en lo lingüístico o filológico de la arquitectura, sino más bien, en su más honda esencia filosófica: en el compromiso con la actualidad y en el entendimiento profundo de uno de los sitios más significativos de la historia de Occidente.

La propuesta resulta ser una solución de notable sencillez y tiene la virtud de entrar en diálogo con la más absoluta armonía clásica. La ausencia casi causal de composición lingüística exterior concentran la mente del visitante, pura y exclusivamente, en las sorprendentes obras de arte a exponer. El objeto arquitectónico planteado se acerca ideológicamente, por lo revolucionario, al Centrosoyus (Moscú, 1928), donde Le Corbusier plantea un "curtain wall" en un lugar donde la temperatura alcanza a los cuarenta grados bajo cero. En el caso en cuestión sucede exactamente lo contrario, pues se propone un prisma de cristal en un sitio donde la temperatura alcanza los cuarenta grados sobre cero. La solución tecnólogica adoptada, en ambos casos avanzada, coopera en resolver un tema de otra dimensión, podríamos decir, de alcance poético que va más allá de lo climatológico. Se trata de: "el muro neutralizante" también invento corbusierano [4]. Esta respuesta técnica no sólo ofrece la posibilidad de hacer habitable el museo, sino que también, favorece la relación interior-exterior puesto que desde el recorrido interior es posible percibir el Partenón y bajando desde la Acrópolis será posible ir visualizando las esculturas expuestas en el interior del museo.

La propuesta total de recorrido, con fuerte sentido de experimentación espacial y constante variación en la relación espacio-tiempo, la convierte en una obra arquitectónica "cubista". Existe un movimiento espacio-temporal a través de la historia por el concepto de tiempo y espacio planteado para el itinerario museístico. La experiencia del recorrido interior se hace aún más rica al ser considerada la doble alternativa de visualizar las esculturas y a la vez el Partenón en su verdadera magnitud. La respuesta volumétrica resulta de una re-elaboración conceptual clásica de basamento, desarrollo y remate.

La base constituida por pilotís y planta libre, también al modo corbusierano, se hacen presentes con remozada fineza y sensibilidad, logrando de este modo, que el objeto arquitectónico se despegue del terreno para permitir la integración del exterior con las ruinas arqueólogicas existentes. El desarrollo diseñado en dos niveles y forma trapezoidal, resulta ser el sector que aloja parte de la exposición, la cual cubre, temporalmente desde la antigüedad hasta el imperio romano, un anfiteatro y un restaurante con vista hacia la Acrópolis.

El remate conforma el espacio más importante del museo: la sala ortogonal del Partenón, organizada alrededor de un vacío y contenida por un prisma vidriado, el cual, permite una iluminación ideal a las esculturas expuestas y una relación visual directa hacia la Acrópolis.

La estrategia ensayada en la implantación, su carácter simbólico y su representatividad tipológica, más su diseña de sencillez elemental, hace que este proyecto se aproxime a las estrategias corbusieranas sobre las propuestas edilicias de gran escala tal como las considera Alan Colquhoun en uno de sus ensayos sobre Le Corbusier: "The Strategies of the Grands Travaux" [5]. En él, se examinan tres principios básicos que caracterizan a tales obras; primero, la necesidad de adaptarse al sitio específico dentro del contexto urbano; segundo, crear un edificio con presencia simbólica y tercero, establecer con el edificio un tipo representativo. En las cuatro obras que analiza [6] descubre como común denominador compositivo el concepto de lo elemental, intentando significar con ello, la utilización de formas sencillas para resolver los programas arquitectónicos complejos, sean éstas o bien formas lineales en barra o masas concentradoras centralizadas.

El museo de la Acrópolis, con su clara respuesta formal cúbica materializada sólo en cristal, hormigón y mármol, con su sensato sentido de pertenencia en un sitio urbanamente comprometido, como lo es el lote Makrygianni, y representando simbólicamente la proporcionalidad matemática y armónica clásica del Partenón más una respuesta con un tipo casi único de museo, se acerca al espíritu filosófico corbusierano para las obras de gran complejidad y escala.

Claudio Daniel Conenna

Como conclusión podemos decir que, si bien hay un juego abstracto de estrategias compositivas formales, espaciales y de proporción, encontradas igualmente en otras notorias obras de Le Corbusier [7], es destacable la nota creativa de actualización y renovación de las mismas con una sensible respuesta minimalista para agredir lo menos posible al contexto. Este gesto de diseño que apunta a la anonimidad del continente en pos de jerarquizar la trascendencia del contenido, es de resaltar con mayúscula, más aún hoy, donde vivimos un período de hiper-expresividad formal en la museística contemporánea.

El Nuevo Museo de la Acrópolis, casi sin una intención ex-profesa, homenajea doblemente a Le Corbusier. En primer lugar, y más literalmente, por la abstracción que hacen sobre distintos temas de diseño que se encuentran en su obra y segundo, por la metodología de composición adoptada, abstrayéndose y transportando ideas-conceptos fundamentales con la misma creatividad y fineza que lo hiciera él con la historia en general y con el Partenón en particular.

Notas

1. Ídem, pp.161-183. "Pura Creación del Espíritu" es el título del capítulo dedicado a la Acrópolis de Atenas y en especial al Partenón.
2. Le Corbusier, "L'Esprit Nouveau", Paris: Revista internacional de actividad contemporánea, 1920, p.21.
3. Le Corbusier, "Precisiones", Barcelona, 1999, pp.53-87. "Las técnicas como la base misma del lirismo", es el título de la segunda conferencia dictada por Le Corbusier en Buenos Aires en octubre de 1929.
4. Le Corbusier, "Textos sobre Grecia, fotografías y dibujos", Atenas, 1985, pp.131-145, "Aire, Luz y Sonido", título de la conferencia dictada en el Politécnico Nacional Metsobio de Atenas en 1933.
5. A. Colquhoun, Modernity and the Classical tradition, architectural essays 1980-87, Massachusetts, 1991, pp. 121-161.
6. El Palacio de las Naciones, Ginebra (proyecto 1927), El Centrosoyus, Moscú (proyecto 1928), El Ejército de Salvación, París 1931, y el Palacio de los Soviets, Moscú 1931.
7. Tales como: la Villa Savoye, el Monasterio La Tourette, el edificio para los Millowners, la Villa Shodan, el Palacio de la Asamblea de Chandigarh y el Centro de Artes Visuales Carpenter.

Bibliografía
A. Colquhoun, Modernity and the Classical tradition, architectural essays 1980-87, Massachusetts, 1991.
Le Corbusier, "L'Esprit Nouveau", Paris: Revista internacional de actividad contemporánea, 1920.
_____, "Textos sobre Grecia, fotografías y dibujos", Atenas, 1985, "Aire, Luz y Sonido", título de la conferencia dictada en el Politécnico Nacional Metsobio de Atenas en 1933.
_____, "Hacia una Arquitectura", Barcelona: Apóstrofe, 1977.
_____, "Precisiones", Barcelona, 1999.

Cuentos sobre un exconvento

La Arquitectura: Testimonio de un tiempo lejano y distante

EDGAR FRANCO FLORES

Esta obra arquitectónica me ha cautivado. La conocí hace diez años, pero ahora, con una singular propuesta teórica para comprender de manera diferente la arquitectura, decidí ir a visitarla de nuevo y analizarla desde una nueva perspectiva. La reacción fue superior a la primera vez que la conocí. Es una obra que pienso tiene todo aquello de lo que Nicolai Hartmann habla en su libro sobre *Estética*.

Se ha dicho tanto acerca de la arquitectura y lo que ésta debe representar dentro de la vida de los hombres. Se ha hablado tanto acerca de sus cualidades y los fines que le dieron vida. Sin embargo, una de las más valiosas y firmes actitudes de la arquitectura es su permanencia en el tiempo, reflejando aquello que fue, y que continúa vivo dentro de sus confines, oculto tal vez a nuestra vaga y lejana mirada.

He descubierto una obra arquitectónica bella, no sólo por sus singulares y perfectas formas que trascienden en el tiempo, sino por todo aquello que dichas formas y espacios contienen y reflejan, susurrando memorias de sucesos pasados.

Se trata de un convento que se concibió y comenzó a ser construido hacia el año de mil quinientos cincuenta, cuando los españoles comenzaban a llegar a nuestra tierra, acompañados de frailes cuya misión era evangelizar y enseñar al pueblo nativo la religión y los principios de la ortodoxia europea. Una magna obra localizada en el estado de Hidalgo, en un sitio conocido como Actopan, cuyo nombre deriva de la lengua náhuatl y quiere decir: "tierra gruesa, húmeda y fértil". Hoy en día, esta obra arquitectónica, conocida como el ex-convento de San Agustín de Hipona, se sabe que fue planeada y realizada bajo los mandatos de los frailes de la Orden de San Agustín. Una obra que aún mantiene vivo algo enigmático dentro de su ser, revelando el lejano pasado en el que nació y vivió.

Para comprender un poco más acerca de lo que hay detrás o en el fondo de esta maravillosa obra de arquitectura, acudimos al pensamiento filosófico ruso-alemán: Nicolai Hartmann.

Hartmann, en su obra *Estética*, habla de aquello que la arquitectura *es*: "...de todas las bellas artes, la arquitectura es sin duda la menos libre: está doblemente atada 1) por la determinación de los fines prácticos a los que sirve y 2) por el peso de la fragilidad de la materia física con la que trabaja" [1]. Dos aspectos que la caracterizan y la delimitan. Sin embargo, de acuerdo con Hartmann, dicho aspectos generan en las verdaderas obras arquitectónicas, estratos, que muestran y se abren hacia el trasfondo que guarda la obra, es decir, la arquitectura "deja aparecer una vida que está dentro de la construcción y de la que da testimonio" [2].

El ex-convento al cual hago referencia posee dichas cualidades, y al conocer y vivir sus espacios, éstos hablan de una vida pasada, atrapada y fielmente reflejada en cada lugar y en cada forma. Si algo hemos aprendido, es que la arquitectura es el hombre mismo, y en ella él es capaz de plasmar sus sueños, sus metas y sus ideales, de acuerdo a aspectos temporales y espaciales en cada punto específico de la historia.

El primer estrato según Nicolai Hartmann, la composición según el propósito se manifiesta por medio de la técnica constructiva elegida, obligada por la época y delimitada por la mano de obra disponible en el momento. Roca, piedra rígida y pesada, que fue diestramente maleable gracias a miles de manos del pueblo otomí. Material que fue usado cuidadosamente, y que originó pesadez obvia, necesaria para demostrar la fuerza y el poder de los conquistadores, quienes eran dioses frente a las miradas nativas e inocentes. Sin embargo, algo más puede captarse en esas formas fuertes y sólidas: un propósito final.

La composición espacial nunca es en esta maravillosa obra una característica aplastada, minimizada o limitada por la técnica constructiva y el material que ésta incluye. El juego magistral de los espacios, sus configuraciones propias y sus distribuciones en el conjunto son únicos y sorprendentes. Cada espacio se encuentra donde debe estar y es lo que debe ser. La monumentalidad magna del material usado en el exterior, no se hace presente en las celdas interiores y privadas del convento: espacios que invitan a la silenciosa meditación sin asfixiar nunca nuestras respiraciones. La fachada, pese a sus proporciones, no destruye al ser humano ni lo obliga a alejarse. La capilla abierta, situada a un costado de la iglesia, con aquella inmensa forma de bóveda de cañón de diecisiete y medio metros de largo y doce metros de alto no hace más que invitar a los seres humanos a acercarse y ser uno con aquella configuración espacial. De alguna peculiar manera, el conjunto buscaba imitar la grandeza divina tan temida por los indígenas, pero tan respetada por su capacidad de transformarse en hombre mismo, guardando una escala semejante a la de los seres humanos, invitándolos a entrar en su misterio. Cada espacio es un antecesor necesario del siguiente. Cada sitio y cada rincón se ubican de tal manera que respetan al anterior y al próximo. La iglesia, grandiosa y bella, situada junto a la capilla abierta que no hace más que complementar la invitación. La entrada noble al convento, para dar paso a un modesto vestíbulo que comunica al claustro y al jardín, bello y abierto al cielo.

La composición dinámica de la obra se refiere al movimiento de las formas, externo a las limitantes del material elegido. ¿Cómo puede ser posible que las formas presentes en este proyecto tan antiguo logren despertar en nosotros tanta admiración y respeto? El magno claustro, con sus arcos ojivales en planta baja, memorias del imponente Gótico, y los arcos de medio punto de la planta alta, reflejos del inmenso Renacimiento, existen unidos, uno frente al otro, en constante oposición, pero en única unidad, sin olvidar nunca la existencia del hombre mismo. Las humildes formas que enmarcan los pasillos y las habitaciones del interior del convento.

Las sencillas y vanas formas que conforman la alta torre de la iglesia. El mirador, ubicado sobre la breve entrada al convento, apenas enmarcado por pequeños arcos, pero en cuyo interior se alza una vista espectacular nunca antes imaginada.

Los estratos anteriormente descritos son, sin embargo, sólo estratos exteriores de las obras arquitectónicas. Estratos distintos a éstos son los que hablan en realidad de aquello que la arquitectura guarda en sus profundidades. Hartmann lo dice: "...no toda obra arquitectónica posee los estratos más profundos del trasfondo, aquellos que dicen algo de la vida y del ser anímico de los hombres que las construyeron" [3].

El espíritu o sentido de la solución en la composición según el propósito, es un estrato representado por el punto de vista didáctico que poseían los frailes en su búsqueda por la construcción del convento. No es casualidad que las formas arquitectónicas estén siempre acompañadas por el arte de la pintura, cuyos motivos muestran siempre el mismo tema: pasajes de las escrituras que buscan enseñar a los indígenas de la época, todos los aspectos propios del cristianismo.

La capilla abierta posee un mural rico en imágenes con dicha temática. Muchas de las pinturas que aún se observan hoy en día en los muros del ex-convento muestran de igual manera los ideales de los cuales los frailes partieron, y a los cuáles deseaban fervientemente regresar. No es simple coincidencia que la vida de San Agustín de Hipona aparezca en un gran mural en la portería. San Agustín de Hipona, personaje crucial y base a partir del cual parte la Orden Agustina: hombre de fe, cuya fama cristiana lo recuerda y lo mantiene vivo. Pero el primer estrato interno no se basa en la pintura como aspecto único; todos los espacios arquitectónicos comparten de repente esta misma visión. Cuando se observa por vez primera la capilla abierta, uno permanece petrificado y admirado por aquel sutil efecto: el complejo impone, sí, pero en cualquiera de sus espacios la invitación permanece intacta y abierta: la meditación y la guía repleta de fe que envuelven nuestro espíritu.

Este hecho liga de alguna manera nuestro segundo estrato interior: la impresión del conjunto de las partes y el todo. Cada espacio y cada rincón del convento comparten la misma magia. El visitante descubre de repente cuál es el propósito de aquel sitio: mostrarnos el camino a la verdad absoluta. Al caminar por los espacios del conjunto, el efecto es siempre el mismo: fiel reflejo de valores y de preceptos que aún flotan en el aire. ¿A qué atribuirlo? La penumbra que invade los espacios. El silencio infinito producto del aislamiento contra el mundo externo. Las formas vanas y simples del interior. Las formas pesadas y bellas de cada fachada. La monumentalidad. Las pinturas… Se respira quietud y se perciben nobles, rígidos y valiosos preceptos, que han sobrevivido al paso del tiempo. La vida dentro del convento, la meditación y la búsqueda hacia valores más altos. Todo ello puede sentirse, puede experimentarse en el interior… Una vida pasada que fue… y que continúa siendo envuelta en los espacios arquitectónicos que traspasan el tiempo, el espacio y el olvido.

El último de los estratos interiores se devela entonces lentamente: la expresión de la voluntad vital y del modo de vida de los hombres. Súbitamente, al entrar a la iglesia alta y monumental; mientras se camina por el amplio y verde jardín del convento que mira al cielo azul; se accede a aquellos pasillos amplios y repletos de penumbra, con aquellas miradas delicadas al exterior enmarcadas con formas ovaladas y disformes; se reflexiona silenciosamente dentro de las celdas bellas y quietas del interior, o se experimenta una inexplicable sensación al permanecer en el centro del claustro, podemos ser capaces de comprender sólo por un instante el significado mismo de la vida de aquellos personajes tan antiguos y lejanos.

Actividades que han sido inmortalizadas gracias a una sólida tradición. Valores humanos que aún permanecen en silencio. La razón del ser que habitó aquellos espacios, fue ser un fraile que vive de la meditación, la respira y la siente alrededor, firme a su misión evangelizadora, cuya causa es justa; luchar enseñando pacientemente el mundo civilizado en un nuevo mundo, ajeno y lejano del hogar querido. Un cielo azul distinto y distante del conocido. Lidiar con costumbres nuevas y desconocidas. Ser padres comprensibles frente a creaciones desamparadas. La arquitectura cumple así con un fin: mostrar valores humanos emanados de una sólida vida basada en la tradición, los sueños y creencias puras. La arquitectura, que es reflejo del hombre mismo, y en cuyas profundidades se encuentra la verdad misma develándose.

Historia primera. El firme deseo

Las puertas de la iglesia hacía muchos años que se habían abierto al pueblo vecino. Las formas altas y soberbias dominaban el cálido ambiente, recortándose sobre el amplio cielo despejado. Aquel patio que se alzaba delante del edificio, y la capilla abierta, despertaban en nosotros miedo transformado en solemne respeto. Muchos de nosotros no nos atrevíamos a caminar delante de la iglesia.

Cuando, por una u otra razón nos acercábamos, el silencio circundante nos rodeaba por completo. La torre, su altura… aquella pesadez… Mi padre decía que los viejos tiempos ancestrales habían terminado para siempre.

Cada siete días se nos llamaba para reunirnos a un costado de la iglesia, en la capilla abierta, mientras el padre emergía de las monumentales formas y se colocaba debajo de aquella bóveda, para hablarnos de los nuevos tiempos. Nos hablaba de Dios, y de la misión encomendada a ellos, de enseñarnos a nosotros, todos hijos del mismo Dios, las leyes celestiales. Todos éramos iguales, pero nosotros escuchábamos aquellas palabras bajo la furia del sol del mediodía, mientras ellos, los nuevos habitantes, lo hacían al interior de la iglesia.

Mis hermanos y muchos de los demás nada entendían, y no se interesaban en saber. No les importaba en absoluto, pero la vaga y triste mirada de mi padre anciano les hacía ver que los tiempos habían cambiado.

Yo me había acercado a una mujer, esposa de uno de los sargentos provenientes de la Lejana Tierra, y ella, había descubierto en mí la incansable curiosidad del conocimiento del Nuevo Mundo. Día tras día, al atardecer, nos reuníamos cerca de la iglesia y caminábamos juntas por las calles, fingiendo que nos acercábamos a los puestos, ella eligiendo cuidadosamente y comprando, mientras yo cargaba el mandado. En realidad charlábamos. En sus ratos libres, y en los míos, me había enseñado a hablar su lengua. Se reía de mi torpeza y de la ansiedad que yo sentía por aprender, pero pacientemente, me enseñaba, diciendo que poseía una facilidad impresionante.

Fue de esta manera que comenzó a hablarme de la iglesia. A nosotros, los indios, no se nos permitía entrar, pero ella, aquella mujer blanca y hermosa, entraba y salía a voluntad, emergiendo hacia la luz sólo para contarme lo que había dentro. Había veces que le pedía, mientras caminábamos, que entrara en la iglesia y me contara lo que ahí sucedía. Fue así que me habló de todo aquello que ella había aprendido. Conocí los términos con los que se designaba cada parte de la iglesia, e iba a casa, a contarle a mi sorprendido padre, todo lo nuevo que aprendía. Él se limitaba a mirarme, quieto como estaba, y tiernamente sonreía.

Despertó en mí poco a poco un fugaz sentimiento, que cobraba fuerza al paso de los días. La mujer me contó que al costado de la iglesia se encontraba el convento, que era el lugar donde vivían los misioneros de Dios. Ella nunca había entrado ahí. No se le permitía.

Yo deseaba entrar y conocer la iglesia, sus altos y fornidos muros, su bóveda grandiosa, las pinturas que la decoraban… El retablo que se encontraba al fondo, coronando el largo pasillo al costado del cuál se sentaba la gente para escuchar la misa. Deseaba fervientemente entrar y admirarlo todo, sentarme en las butacas de madera reluciente y mirar hacia lo alto, hacia aquel cielo gris que seguramente se levantaría sobre mi cabeza. Yo deseaba entrar y conocerlo todo… Sólo eso.

La mujer me dijo que eso era imposible, que por eso se había construido la capilla abierta, que era el sitio donde nosotros debíamos estar. Ésa era la orden de los misioneros. Yo no pude conformarme con eso. Un día, en aquella mañana en que las grises nubes comenzaban a cubrirlo todo, me acerqué sigilosamente hacia la iglesia. Nadie estaba alrededor. Los miembros del ejército, que siempre estaban cerca de la puerta doble que protegía y ocultaba el interior, se habían marchado a comer algo. Miré varios segundos. Las formas me llamaban, su belleza me invitaba a penetrar en el interior.

Y entonces, me decidí… Corrí veloz hacia la puerta, cruzando en cuestión de segundos el patio delantero triste y desolado, mientras mi corazón palpitaba sin cesar, dominado por la agitación y la ansiedad. Mis manos tocaron entonces aquella puerta alta y sólida, cuyo calor me reconfortaba. Empujé para entrar, para mirarlo todo y deleitarme con la belleza que encontraría en el interior.

No recuerdo haber mirado nada más. Sabido nada más. Mis pies flaquearon, mientras mi cabeza daba vueltas y mi vista se nublaba por completo. Mis manos intentaron aferrarse de algo para que mi cuerpo no cayera, mientras que la gruesa puerta de madera se abría, a la par que todo mi ser desfallecía… Resignada, me dejé caer mientras el dolor en mi pecho se sentía enfurecer, contenta al saber que, tal vez si moría, podía algún día estar dentro de aquellos espacios distinguidos.

Historia segunda. La fe ciega

Dicen que existen cosas que fueron hechas para vivirse con los ojos. Creo que eso es mentira. Yo soy ciego, y he conocido algo que me ha cautivado por completo y que creo que puede (y debe) ser vivido con los cuatro sentidos restantes.

Desde chico mis padres perdieron la esperanza en que volviera a ver. Perdí la vista a los escasos siete años, y ahora, casi diez años después, apenas y puedo recordar el azul del cielo. Nunca ponemos atención en lo que tenemos, hasta que la atención es forzada, una vez que hemos perdido aquello que nunca valoramos.

Me sentí perdido durante muchos años. Solo, triste, inútil. Mis padres y yo nos mudamos entonces a un pequeño pueblo en las lejanías de la civilización. Mi padre había conseguido empleo ahí. Viajé con ellos, no tenía razón para oponerme. Los primeros días aguardé, amargo, dentro de la nueva casa que sería nuestro hogar. No deseaba salir. Quería estar solo.

Me acerqué entonces a la ventana, había algo que había llamado mi atención. El barullo de las calles parecía ser distinto. Había algo allá afuera, algo grande y solemne que parecía guardar el sonido para sí. Mi curiosidad se despertó.

Mi madre estuvo más que contenta cuando compartí con ella el deseo de salir. Presta a complacerme de cualquier modo, me acompañó hasta la plaza, a unos cuantos metros de mi casa.

Caminamos lentamente por la avenida, mientras mi madre me relataba todo lo que sucedía, pero yo caminaba más aprisa, sólo deseaba llegar a él. Fue entonces que las campañas comenzaron a tocar, y su sonido, fuerte y sólido se esparció por doquier. Sonreí, mientras imaginé (y calculé, si eso es posible) cuál debería ser la altura de la torre de aquella construcción. Llegamos a la puerta de la iglesia. Mi madre me dijo que delante de nosotros, en la plaza que miraba al oeste, se alzaba una cruz de piedra rosa que hacía poco habían colocado ahí. A un costado de la iglesia, de acuerdo a las palabras de mi madre, se alzaba el convento, con tres graciosos arcos de acceso coronados por un mirador solemne. En ese momento, uno de los sacerdotes salía de las profundidades del convento. Asombrado al vernos, se acercó a nosotros. Mi madre le explicó que yo era ciego, y que éramos nuevos en aquel sitio, pero que yo deseaba conocer la iglesia. El sacerdote sonrió ampliamente, y se ofreció a guiarme y conocer el interior de la iglesia y el convento mismo.

A partir de aquel día, diariamente caminaba hacia las puertas de la iglesia, donde el sacerdote aguardaba por mí, y me llevaba al interior de aquellos hermosos espacios. Conocí a profundidad cada rincón del complejo, que se convirtió en un amigo inseparable. Recorría el amplio jardín, cuya quietud me inspiraba, mientras me sentaba en el pasto y sentía los rayos del sol tocar suavemente mi rostro. La brisa delicada de vez en vez, rozaba los follajes de la infinidad de árboles que ahí habitaban. Los muros, aquellos gruesos muros, protegían aquella paz del exterior.

A veces caminaba hasta el claustro del convento, con sus formas altas y firmes, y en cuyo centro se encontraba un pozo, en cuyas profundidades podía escucharse el correr ocioso de las aguas. Aquellas columnas y arcos que se alzaban hacia el cielo, y cuyo silencio aprisionado, reconfortaba mi corazón. Fui capaz de caminar por los sitios, que pronto se convirtieron en mi lugar más predilecto. Los pasillos amplios, altos y oscuros, en cuyas profundidades resonaban los pasos firmes de cada una de las personas que por ellos transitaban. Los muros lisos, frescos y suaves, que guiaban mis pasos hacia las celdas íntimas. En aquellas celdas quietas fue donde aprendí a leer, con la ayuda firme de los sacerdotes, quienes, con la aprobación de aquel noble espacio, me habían adoptado para vivir y aprender del aislamiento, la paz, y el autodescubrimiento.

Aún recuerdo los tímidos rayos del sol de la mañana entrando por las pequeñas ventanas de las celdas mientras calentaban el interior. Los cantos de los pájaros y los apagados sonidos de los pasos de los sacerdotes que hacen procesiones en el exterior. De vez en cuando los caballos relinchaban en los cobertizos, y los gritos de los niños que jugaban en las calles circundantes lograban burlar la vigilancia y protección de los muros perimetrales.

Aún recuerdo la suavidad de las paredes, la altura de los techos, la frescura de los muros, la aspereza de los firmes suelos y el olor de la tranquilidad. Aún recuerdo todo eso…

Y hoy, a punto de quitar mis vendas ante la posibilidad de ver de nuevo las maravillas de la realidad que me rodea, tengo miedo de no ser capaz de vivir el espacio como es debido, y que éste me rechace por la vaguedad de mi mirada.

Historia tercera. La última esperanza

Cuando el futuro nos ha alcanzado, y el asfalto y el concreto lo han dominado todo. Cuando el acero, el cristal y el plástico se levantan por doquier, y las formas espaciales han adquirido espectacular desarrollo. Los espacios, fríos, amplios y vacíos acogen a las personas, quienes miran por los cristales que dominan todo alrededor, la ciudad que se alza, hacia todas direcciones. He emprendido la búsqueda de un espacio que me sirva de inspiración, cuyo diseño, cuyos espacios interiores y exteriores, posean aún alguna esencia que pueda rescatarse.

Es entonces que encuentro un antiquísimo edificio, que ha resistido el paso de los siglos y que es hoy considerado parte del patrimonio de la humanidad. De los pocos edificios que han sobrevivido a las guerras y a las destrucciones humanas. Una iglesia, lo que fue un convento alguna vez.

Llego a él. Lo miró desde fuera, desde la lejanía. Sus formas, altas y majestuosas, parecen dominarlo todo, pero de una manera armoniosa. La torre, los muros y los arcos, pareciera que van más allá de simple ornamentación, y tuvieran algo más que decir. Una realidad a la cuál responder, con la cuál interactuar. La escala humana es pequeña, más no olvidada y nunca tratada con conducta desafiante y aplastante. Los espacios interiores son amplios y fríos, más nunca helados y abandonados como los espacios que existen hoy en día. El cielo que se cuela por fracciones, vislumbrado desde el jardín silencioso, o el quieto claustro. El espacio externo, representado por una capilla abierta, que se une de manera maravillosa con el espacio y concepto interno de la iglesia. La piedra, pesada, que no luce como tal, que parece elevarse y vencer su pesadez, en aras de las necesidades humanas. Espacios oscuros, en los corredores, que no despiertan temor sino profunda reflexión.

Me pregunto entonces, ¿qué puedo hacer yo para conceptualizar un espacio digno, como éste que contemplo?

Mi conciencia, sensible ante aquello que el espacio tiene que decirle, de repente encuentra voz tangible, y me responde.

Observa aquello humano que te rodea, escúchalo cuidadosamente e interpreta sus necesidades y objetivos. Las formas finales vendrán mucho después, cuando hayas comprendido lo que debe satisfacerse, lo que es necesario, pero sobre todo... Lo que anhelan los corazones para quien trabajas.

Notas
1. Hartmann, Nicolai, "Estética", México: Universidad Nacional Autónoma de México. Primera edición en español, 1977. p. 147.
2. Hartmann, *óp. cit.*, p. 249.
3. Hartmann, *óp. cit.*, p. 252.

Bibliografía
Hartmann, Nicolai, «Estética», México: Universidad Nacional Autónoma de México. Primera edición en español, 1977.

Estética cristiana medieval
Antecedentes

MARÍA ELENA HERNÁNDEZ ÁLVAREZ

Las ideas estéticas medievales tienen profundas raíces en Platón, en el neoplatonismo de Plotino, en san Agustín y en el Pseudo Dionisio. De ellos, es Plotino el vínculo de suma y proyección [1] de la estética que se manifiesta en la catedral gótica.

Plotino nació en Egipto en el año 205 de la era cristiana y murió en Roma en 270. Fue psicólogo sutil, delicado artista y filósofo fundamental en la estética cristiana medieval, tanto que hasta el mismo san Agustín afirmó que Plotino no habría tenido más que cambiar una cuantas palabras para ser cristiano. En efecto, la teología cristiana y la filosofía medieval adoptaron muchos puntos de vista plotinianos [2]. En cuanto a la estética, Plotino la consideraba como una parte de la teodicea ya que, según él, la estética deriva directamente de la teología, como de hecho ya lo afirmaba Platón. Por lo tanto, la belleza del universo se manifiesta cuando canta y clama la grandeza de Dios.

Para Plotino, la idea del bien debe ser totalmente transparente y estar presente en la obra de arte; si así sucede, la obra es bella. De esta fusión del bien y la belleza *emana* una belleza suprema, es decir, Dios. En la obra de arte se manifiesta esta emanación cuando hay un valor estético perenne, aun en su recuerdo, cuando la obra ya no exista en el mundo tangible. Para Plotino: "...El bien es lo bello actuado, y lo bello es el bien contemplado" [3]. Es esta idea del nexo existente entre lo bello y el bien lo que ubica a Plotino como un parteaguas en la historia de la estética y como el principal precursor de las ideas estéticas cristianas medievales.

El principio de *emanación*, el cual a su vez algunos suponen también de origen oriental [4], permitió a Plotino la superación del concepto de *imitación*, tan arraigado en el recientemente superado mundo clásico grecolatino. El arte debe trascender la naturaleza y son precisamente la emanación, la fantasía y el anonimato las ideas centrales que permitirán al artista medieval su libertad de expresión.

Es en este apartarse de la naturaleza en donde reside la base de todo el arte medieval. Otra de las ideas esenciales de Plotino acerca de la belleza consiste en identificarla como simple, llena de color, en donde lo bello reside en la victoria de la luz sobre las tinieblas; y este aspecto de la luz será medular en la estética medieval. Dionisio y san Agustín tomarían estas ideas posteriormente para identificar a Dios con el elemento luz en su triunfo definitivo sobre las tinieblas, simbolizando con esto el alma humana tendiendo hacia la belleza suprema, es decir hacia Dios, es decir hacia la Luz.

Plotino distinguió también la belleza sensible de la espiritual, asunto igualmente esencial en el pensamiento de san Agustín. Ambos afirmaban que la belleza espiritual sólo se percibe en el sentimiento estético de contemplación, el cual, a su vez, es el único medio para captar a Dios. Para ellos, Dios crea en y por la contemplación, y ésta es su única manera de crear.

La estética de Plotino desemboca en una estética del esplendor, en un iluminismo. Plotino, como es místico, es uno de los primeros que revela la belleza del bien; es el bien la belleza suprema y el fin último y único de la estética. A este principio de nexo entre el bien y la belleza acudirán en la historia de la cristiandad y de la estética occidental muchos de los cristianos posteriores, aun después de la época medieval. Esta forma de filosofía mística plotiniana que integra lo bello con el bien lleva al alma humana a hacerse pura, tal como también lo propone Platón en su *Fedro*. El alma debe tender a hacerse semejante a Dios, que es todo belleza, todo bien.

Las ideas estéticas medievales descritas hasta aquí condicionaron todo el arte medieval, aunque no recibirían un reconocimiento dentro del pensamiento estético sino hasta finales del siglo XVII [5].

Cristianismo y simbolismo
La Biblia es un libro lleno de símbolos que no sólo dan sentido existencial al ser humano sino que han sido y son fuente inagotable de inspiración artística. El cordero, el buen pastor, el ancla, el sarmiento, el delfín, el pavorreal, la balaustrada, el pelícano, la

granada, los números uno, dos, tres, cuatro, etc., la paloma, la luz, la cruz, el círculo, el anillo, el báculo, la nave, el gallo, el pez despierto, el pez dormido, entre otros, son símbolos que el cristianismo heredó, muchos de ellos de religiones anteriores y que desde sus primeros años de vida adaptó a su propia simbología [6]. Para la época medieval se fueron incorporando muchos otros símbolos, el unicornio, el pelícano, el lirio, la mujer coronada, la balanza, el compás, la palma, etc. Con toda esta simbología iconográfica tal pareciera que cada aspecto de la religiosidad, y aun de la vida cotidiana, tuviese su correspondiente símbolo. De hecho, toda la cultura de la Edad Media es simbólica.

Antes de continuar es necesario recordar que el símbolo es la correspondencia que el entendimiento percibe entre un concepto y una imagen representada. En el arte, la palabra símbolo significa la representación conceptual de algo o de alguien; es un signo que constituye un código completo, cerrado en sí mismo, elocuente en su discurso; es la relación entre significado y significante.

Tanto san Pablo como el pensamiento griego anterior al medieval atestiguan que la obra de arte cósmica debería siempre revelar metafóricamente los misterios invisibles de Dios en donde todas las formas sensibles no son sino símbolos. El conocimiento y la belleza de las realidades espirituales son descubiertos por quienes, elevándose por encima de las imágenes sensibles, saben entender y explicar los símbolos. Cabe mencionar también que es a Dionisio a quien se debe el hábito cristiano de venerar imágenes, es decir símbolos, hábito que ofrecería una inagotable fuente temática a los artistas de los siglos posteriores.

El arte cristiano es, pues, un arte de símbolos, y de las manifestaciones del arte cristiano es particularmente el arte medieval el que representa la culminación del simbolismo cristiano. La arquitectura gótica refleja de modo especial la cosmovisión simbólica de su tiempo; particularmente, las catedrales góticas fueron la cúspide de todo el lenguaje enciclopédico y simbólico no verbal del mundo medieval.

En efecto, en la catedral había que crear una obra enciclopédica que englobase toda esa simbología cristiana. Además de responder a las necesidades litúrgicas y comunitarias, la catedral fue símbolo esplendoroso del reino de Dios sobre la tierra y de la antesala escatológica de la gloria venidera para quienes se acogen a ella. En resumen, toda la catedral gótica es símbolo, todo se integra en ella en una perfecta armonía, a la manera en que santo Tomás y la escolástica lo explicarían en años posteriores.

La belleza en la estética medieval

Durante casi un milenio, las ideas de san Agustín y del Pseudo Dionisio definieron las cuestiones filosóficas en torno a la belleza y son el punto de partida de la estética medieval. Será necesario mencionar nuevamente que el pensamiento de ellos dos estaba fundamentado en las ideas de Plotino quien, a su vez, fue el vínculo con la antigüedad clásica. Así, la estética medieval no se presenta aislada o importada de otros complejos filosóficos, sin que por ello se ignore la influencia de Oriente.

Escoto Eriúgena, traductor del Pseudo Dionisio al latín, repite las fórmulas de la estética clásica y de la agustiniana, en donde la belleza se considera unidad en la variedad, es decir, armonía o "sinfonía" de las partes de un todo [7]. En este sentido, la belleza del universo no depende de las partes consideradas aisladamente, sino de su integración en la unidad del todo. En la catedral gótica, las partes que la conforman están íntimamente relacionadas y, aunque cada una de esas partes podría ser validada de manera particular, es en su integración con el todo en donde lucen su plenitud y belleza. Cada detalle en la catedral se corresponde en un perfecto universo armónico.

Ahora bien, y de acuerdo con el pensamiento del Pseudo Dionisio, los factores espirituales y los sensibles son parte de la unidad, no se puede prescindir de ellos y de un modo especial acentúan la significación simbólica de la belleza. El resultado, una realidad que se presenta como una inmensa "teofanía" armónica en la que Dios se hace "visible", comprensible, revistiéndose de forma y de figura. De este modo, la razón última de ser de las formas visuales se encuentra en la función simbólica. Y en la estética medieval el símbolo central es Dios: es la belleza suprema y todo, absolutamente todo, debe simbolizarlo.

Podemos concluir que la belleza en el mundo de la Baja Edad Media es aprehendida de tres modos: por el ojo físico que se deleita en la contemplación; por el ojo espiritual que en la belleza terrena descubre significados y analogías sobrenaturales, exactamente como Bernardo de Claraval propone que sean estos espacios universales góticos, y por el ojo científico que hace posible la obra de arte según la ciencia y la razón.

Con Dios como fuente de toda belleza, la mística católica es la fuente de inspiración para el artista medieval, y aun para el posterior a esta época [8].

En la forma de toda producción artística medieval se destaca la congruencia no sólo de las partes materiales e ideas de la obra, sino entre la obra de arte y el que la percibe. Así, partiendo de estas ideas, santo Tomás define lo bello de dos maneras:

- Se llama bello a aquello cuya vista agrada.
- Se llama bello a aquello cuya aprehensión nos complace.

Según santo Tomás, lo bello y el bien se corresponden en cuanto trascendentales del ser. Al contemplar lo bello, esto nos hace desear el bien. El objeto bello se ama porque es bello, y es bello porque es bueno. La obra de arte tiene que partir del bien y por lo tanto de Dios, porque Él es toda bondad y toda belleza. Las notas objetivas de la belleza son dos: proportio y claritas.

Santo Tomás entiende la proporción de la misma manera que san Agustín, esto es, el mundo natural tiene sus proporciones y el mundo espiritual también; la relación entre ambos mundos supone una proporción perfecta. La proporción es bella cuando es conforme con la naturaleza de la cosa. La claritas también corresponde con la forma y esencia de la cosa que se manifiesta por medio de la apariencia, como la claritas del cuerpo es reflejo del alma. En un pasaje de la Suma, santo Tomás dice que "para que haya belleza tiene que haber tres condiciones": primero, la integridad o perfección (lo inacabado es, por ello, feo); segundo, la debida proporción o armonía, y, tercero, la claridad. Santo Tomás añade posteriormente la integridad a las notas de proporción y claridad.

La obra gótica insta al bien. Todo lo creado en ella es producto de la mística de generaciones de hombres y mujeres que entregaron a su edificación toda su existencia [9].

En el edificio gótico, la nueva tecnología para la construcción de las bóvedas permitió al edificador una mayor armonía de proporciones y la forma perfecta que resultó un medio ideal de expresión de los ideales del arte cristiano.

Por otro lado, es de notar que el adorno superfluo no existe en la catedral, ya que todo elemento en ella tiene una función estética precisa y perfecta según los términos estéticos ya señalados [10].

Así, la catedral gótica encarna un ideal doble de belleza: la formal y la expresiva. En el arte medieval, sobre todo el de la Baja Edad Media, se aprecia una constante y decidida búsqueda de equilibrio entre la belleza trascendental y la belleza sensible. El artista se recrea al atrapar, por así decirlo, un destello de Dios para plasmarlo en la obra sensible.

La apreciación del arte en la edad media

La Edad Media poco ofrece acerca de una teoría del arte en sí, únicamente se conocen esbozos de estética mística, de tratados de óptica o de algún intento iconográfico. Sin embargo, uno de los documentos más significativos para nuestro conocimiento del gótico es el Livre de portraiture, de Villard de Honnecourt. En este libro, del cual solamente se conserva la mitad en la Biblioteca Nacional de París, se puede apreciar un valiosísimo manual de proporciones, en el sentido medieval, que nos introduce en el espíritu de la pintura y arquitectura góticas. El cuaderno incluye croquis y anotaciones que fueron un instructivo fundamental para la masonería y para la construcción de las catedrales góticas.

Villard de Honnecourt nació cerca de Cluny, Francia, en tiempos de Luis IX, es decir, en la primera mitad del siglo XIII. No era arquitecto constructor de primera línea, pero su cuaderno refleja los conocimientos constructivos de su época. En sus anotaciones, Villard nos dejó todo tipo de conceptos, desde el remedio para una herida o los esquemas de la maquinaria de su tiempo, como poleas, gatos o sierras hidráulicas, hasta la resistencia de los materiales, el montaje de un armazón, la geometría de las bóvedas góticas o la talla de la piedra clave en la ojiva gótica [11].

Por otro lado, es interesante destacar la atmósfera de exaltación religiosa universal y anónima que permeaba la sociedad cristiana medieval, asunto que permitiría al artista verter toda su libertad y fantasía. En efecto, en esa época el artista no corría el peligro de ser "identificado" como responsable de cualquier asunto creativo que no fuera del gusto de todos; esto, sin embargo, permitía que se expresara de manera mucho más espontánea y libre que en la antigüedad. Vemos por ejemplo esculturas que no siguen los modelos naturales y que son hasta grotescas en algunos casos, intentando con esto abstraer o acentuar aún más la simbología mística.

El concepto de imitación de la naturaleza en el medievo fue casi abolido, lo que ofreció a la creatividad artística una nueva luz en el espacio de la fantasía, todo, recordemos, como medio para alcanzar a Dios. En esa época de autoría anónima, el artista se siente libre para expresar plásticamente su entrega total a Dios. Este acto de libre y total entrega a Dios es definido por John Ruskin, en su magnífico libro "Las siete lámparas de la arquitectura", como la Lámpara del sacrificio [12].

El artista sabe que todo su quehacer y pensamiento deben estar orientados a Dios y que si su obra plástica alcanza ese íntimo diálogo con la divinidad, logrará una luz para el camino de salvación.

En la estética cristiana medieval el acto de fantasía no es superior al pensamiento, asunto absolutamente regulado por la Iglesia católica, pero sí al mero hecho de copiar la realidad. De esta manera, la obra de arte medieval puede y de hecho debe superar a la naturaleza. En este sentido hemos dicho que la libertad y el anonimato en la sociedad teocéntrica medieval permitieron que los artistas hicieran del gótico el arte vanguardista e insuperable hasta ese tiempo. En efecto, nadie hasta entonces se había atrevido a soñar con las alturas góticas, con sus sistemas constructivos, con la sublime luminosidad de su espacio interior.

La luz en la mística gótica

La luz, elemento esencial en el edificio gótico, es símbolo de Dios y a Él anhela representar. Como la obra de arte medieval busca complacer al alma y también al intelecto, debe tender en todo momento a representar la aparición sensible de una idea de Dios. Para el mundo cristiano medieval posmilenarista, Dios es luz, Dios es claridad, Dios es luminosidad. Así, el artista gótico toma como elemento constructivo primordial la luz.

La tecnología constructiva gótica busca entonces romper con la oscuridad y pesadez de la arquitectura románica. La estructura sustentante gótica, es decir, muros y columnas, logra alturas nunca antes imaginadas, y ello permite elevar los ojos y el alma, siempre en binomio indisoluble, hacia el cielo, hacia Dios. Los muros por fin han podido ser transparentes y abrirse a la luz, a Dios. La luz por lo tanto no sólo responde a una evidente motivación simbólica –el Verbo es la luz que resplandece en las tinieblas–, sino también a la definición cualitativa de la belleza: lo bello es como la luz. La luz es bella porque su identidad es simple, la luz descubre la hermosura propia de toda realidad, la luz es bella por sí misma.

Evidentemente, los elementos góticos en los que el artista plasma principalmente esa adoración por la luz son los maravillosos vitrales góticos. En esa luz multicolor se capta la armonía, la proporción, la mística, el orden y toda la razón primordial del edificio gótico y de la sociedad que lo genera. Es por medio de la luz, es decir de Dios, que se llega a la plenitud del ser, a la integración de alma y cuerpo, inteligencia y sensibilidad, a la armonía de partes, orden y proporciones.

La melodía infinita de la línea nórdica

El hombre gótico que define Worringer [13], atenido a una imagen caótica de la realidad, debió sentir un goce embriagador de liberación al sumirse en su mundo de movilidades espirituales. Al igual que el hombre primitivo, este hombre nórdico o gótico tenía una relación con el mundo exterior de terror, y para mitigarlo plasmó sus impresiones en una linealidad espiritual sublimada, buscando con ello la satisfacción de la embriaguez que enajena, permitiendo a la línea expresarse por sí misma, para con ello dar al ser humano la paz y la respuesta a su relación con el cosmos.

El hombre gótico, al no producir otra expresión artística que esta ornamentación lineal, dejó en ello, según Worringer, las raíces del lenguaje gótico ulterior. En efecto, la línea abstracta sin moderación orgánica es elemento esencial de la voluntad de forma en el gótico. Por lo tanto, y sobre el fundamento psíquico en el que se asienta el arte gótico, esta línea gótica rebosante de vida y de expresión proyecta hacia la salvación, hacia la luz, hacia arriba, hacia Dios. Dice Worringer: la línea gótica "…se convierte en un espasmódico deseo de estremecimientos suprasensibles, en un patetismo cuya esencia propia es el descomedimiento" [14], o en lo que Kant propuso como la disconformidad de la experiencia sublime [15].

La línea gótica revela el deseo de ascender a una movilidad innatural de carácter espiritual; recuérdese en este momento el pensar laberíntico de la escolástica-movilidad suprasensible y esta tendencia de la línea gótica es la que más tarde produjo la excelsitud fervorosa de las catedrales góticas, petrificaciones del trascendentalismo [16].

En una descripción de esta línea nórdica gótica encontramos que carece de simetría, que emplea la repetición para provocar al infinito: las vueltas sobre sí misma, las ondulaciones e infinitas direcciones en apasionada muestra del trascendentalismo. La línea gótica se vuelca sobre sí misma, como en espejo, con un carácter de ininterrupción, de multiplicidad continuada hasta el infinito. Ésta es "línea infinita y laberíntica que no agrada sino que embriaga y que nos fuerza a *entregarnos sin voluntad*, que no encontramos un punto donde iniciar la contemplación, ni donde detenerla... los movimientos acuden de todas partes, el movimiento se prolonga hasta el infinito" [17], acentuando su verticalidad hacia Dios. Dondequiera que se encuentre esta línea abstracta como el elemento esencial de la voluntad de forma, ahí habrá un arte trascendental [18].

Notas

1. Hegel plantea que el periodo posterior supera al precedente en tanto que asimila lo que éste tenía por propio; lo asimila y lo anula al mismo tiempo; así como la vida posee en su interior la muerte, de igual manera la muerte contiene la vida.
2. Montes de Oca, F., "La filosofía desde sus fuentes", p. 93.
3. Bayer, R., "Historia de la estética", p. 83.
4. Aunque no se ha probado, es muy posible que Plotino haya tenido parte fundamental de su formación en la India, de donde tomaría esta y otras ideas aparentemente paganas. Es evidente la continuidad de esta idea de la emanación en la filosofía cristiana medieval, particularmente en lo que luego se verá en la catedral gótica como aparición sensible de lo divino.
5. Estrada, H., "Estética", p.72.
6. Por ejemplo, el símbolo del buen pastor es el moscóforo griego.
7. Como se sabe, Suger, abad de Saint Denis, eligió cuidadosamente dos elementos plásticos principales para representar la mística cristiana medieval, la cual tenía como centro a Dios; estos elementos fueron la armonía y la luminosidad.

8. En la escolástica, la belleza es la meta de un deseo natural en el que se deben conjugar dos elementos: uno intelectual y otro placentero. Es santo Tomás quien heredará a la estética medieval la definición de la belleza como *luz y forma*.

9. En este sentido, es interesante mencionar el enfoque que John Ruskin da a la catedral gótica en su libro *Las siete lámparas de la arquitectura*, particularmente en el capítulo "la lámpara del sacrificio".

10. En otros textos se presenta el procedimiento constructivo de la arquitectura gótica. Aquí se pretende puntualizar algunos de los principios de la estética cristiana que definieron la catedral gótica.

11. Bayard, J.P., "El secreto de las catedrales", pp. 236-239.

12. Ruskin, J., "Las siete lámparas de la arquitectura". México: Ediciones Coyoacán, 1994.

13. W. Worringer, "La esencia del gótico", pp. 62-63.

14. ibídem, pp. 62-63.

15. En otros textos de la autora se analiza el tema de lo sublime.

16. W. Worringer, *op. cit.*, p. 46.

17. Ibídem, pp. 48-49.

18. Worringer propone a sus lectores y estudiantes un interesante ejercicio el cual supone que hizo el hombre gótico; esto es, tomar un lápiz o herramienta de dibujo y dejarse llevar sobre una superficie con la expresión lineal que desea tomar forma por conducto de nuestra mano.

Bibliografía

Bayard, J.P., "El secreto de las catedrales", trad. de Teresa López García, México: Tikal Ediciones, 1996.

Bayer, Raymond, "Historia de la estética", trad. de Jasmín Reuter, México: Fondo de Cultura Económica, 1993.

Estrada H., "Estética", Barcelona: Herder, 1988.

Hegel, G.W.F., "Estética", trad. de Alfredo Llanos, Buenos Aires: Ediciones Siglo Veinte, 1983.

_____, "Fenomenología del espíritu", trad. de Wenceslao Roces, México: Fondo de Cultura Económica, 1994.

_____, "Lecciones sobre la Filosofía de la Historia Universal", trad. de José Gaos, Madrid: Alianza Universidad, 1985.

_____, "Arte y poesía", México: Fondo de Cultura Económica, 1992.

Montes de Oca, Francisco, "La Filosofía desde sus fuentes", México: Porrúa, 1992.

Ruskin, J., "Las siete lámparas de la arquitectura", México: Ediciones Coyoacán, 1994.

Worringer, Wilhelm, "La esencia del gótico", trad. de Manuel García Morente, Buenos Aires: Ediciones Nueva Visión, 1973.

Arquitectura entre laberintos
Liberación del lenguaje espacial

JOSÉ LUIS LIZÁRRAGA VALDEZ

Mi hermana y yo jugábamos a perdernos en el pueblo, en donde había un hotel muy grande, que poseía inmensos jardines, en ellos me perdí.

Al caminar me topé con un hombre: un hombre consumido y terroso, de ojos grises y barba gris, de rasgos singularmente vagos, que al hablar, decía saber dónde se encontraba la secreta Ciudad de los Inmortales.

Escuché que decía:

…Atravesé el río y presencié anfiteatros, templos, muros, arcos, frontispicios y foros que ella poseía, el fundamento era una meseta de piedra. Un centenar de nichos irregulares surcaban la montaña y el valle, en un principio no encontraba su entrada, así que me refugié en una caverna; en el fondo había un pozo, en el pozo una escalera que me llevó al interior de una vasta cámara circular, había nueve puertas, ocho daban a un laberinto que falazmente desembocaba en la misma cámara, la novena a través de otro laberinto daba a una segunda cámara circular, de pronto unos peldaños de metal escalaban el muro, los subí, "fui divisando capiteles y astrágalos, frontones triangulares y bóvedas, confusas pompas de granito y mármol. Así que me fue deparado a ascender de la ciega región de negros laberintos entretejidos a la resplandeciente ciudad" [1]. Me encontré en un patio, al que lo rodeaba un solo edificio de forma irregular y altura variable, era un palacio en el cual la arquitectura era representada por incipientes muros, columnas y cúpulas que carecían de fin, estaba sola, como abandonada y, sin embargo, reluciente. Regresé tomando el mismo camino. Solamente eso puedo recordar, desde entonces no duermo, no como tampoco bebo por no poseer deseo de ello. ¿Acaso, seré yo un inmortal?

Di media vuelta, y me alejé de aquel hombre sumergido en sus pensamientos, caminé, y seguí caminando y al dar un giro escuché:

¿Dónde estás?

¡Déjame de nuevo contemplarte!

¿Dónde estás, Aleph?

No entendí a ciencia cierta que es lo que andaba buscando, sin embargo la desesperación en su voz se notaba. A la impronta luz, se cruza en mi camino un sujeto que da la impresión de tener una máscara en su rostro, su cara la tapa una bolsa de color oscuro, la que porta dos agujeros para ver, tímidamente se acerca y me observa detalladamente, sentí que no era lo que él esperaba, rompiendo su angustia me contó:

Mi madre es una reina, dulce y justa. En cambio a mí, se me acusa de soberbia, y tal vez de misantropía, y tal vez de… bueno, tales acusaciones yo castigaré a su debido tiempo. Es verdad que no salgo de aquí, de ésta, mi casa, se que las puertas están abiertas día y noche a los hombres y también a los… bueno, que entre el que quiera, por ello estas tú aquí, por esa misma accesibilidad. A veces me siento como un prisionero. Por lo demás, algún atardecer he pisado otras calles; si antes de la noche volví, lo hice por el temor que me infundieron las caras de la plebe, caras desconocidas y aplanadas, como la mano abierta. Ya se había puesto el sol, pero el desvalido llanto de un niño y las toscas plegarias de la grey dijeron que me habían reconocido. Esa gente al verme oraba, se prosternaba, no en vano fue una reina mi madre, no puedo confundirme con el vulgo, aunque mi modestia lo quiera. El hecho es que soy único. Me entretengo corriendo por estas galerías, las cuales tú habrás de recorrer, pues pendiente estoy de quién va entrando, esperando reconocer a mi redentor, pues hace nueve años entraron por aquí nueve hombres juntos, uno de ellos me confesó su existencia. "Desde ese momento no me duele la soledad, porque sé que vive mi redentor" [2], sé que al encontrarlo, al fin acompañará a mi dulce madre y abogarán por mí. ¿Cómo será mi redentor me pregunto, acaso tú me darías una señal para ir hacia el y abrazarlo?

Paramos de caminar para contemplar de repente el brillar de una placa dorada en la que leí:

"No habrá nunca una puerta. Estás dentro y el alcanzar abarca el universo y no tiene anverso ni reverso ni externo muro ni secreto

Arquitectura entre Laberintos | Liberación del Lenguaje Espacial centro. No esperes que el rigor de tu camino que tercamente se bifurca en otro, tendrá fin. Es de hierro tu destino como tu juez. No aguardes la embestida del toro que es un hombre y cuya extraña forma plural da horror a esa maraña de interminable piedra entretejida. No existe. Nada esperes, ni siquiera en el negro crepúsculo la fiera" [3].

De pronto mi acompañante me da la espalda, diciendo, ¡Ese escrito aparece siempre en el sendero de mi camino, más aún cuando alguien me acompaña, en los momentos de ternura y belleza que siente mi corazón, -y grita al cielo-: ¿Cómo será mi redentor? ¿Será un toro o un hombre? Volteándose me da el frente sin máscara, llorando a mis pies se cuestiona mesuradamente ¿será tal vez un toro con cara de hombre?, ¿o será como yo?

Hombre o bestia, una mutación poseía, se alejó por temor a que me burlara. Traté de retenerlo, pero no fue posible. Lo ocurrido indicaba que estaba en un sitio muy singular, por lo cual empecé a indagar. Subí por una escalera, que me llevó a una entrada, en la que mi sorpresa fue mayor al encontrarme con un espacio compuesto de un número indefinido, y tal vez infinito, de galerías hexagonales, con vastos pozos de ventilación en el medio, cercado por barandas bajísimas.

Desde cualquier hexágono, se ven los pisos inferiores y superiores: interminablemente. Una persona amable me dice:

¡Entra, pasa a este universo, que lo han catalogado como la biblioteca!

Sin duda alguna era el guardián, era pues el bibliotecario, que guiándome con la mano señaló:

"La distribución de las galerías es invariable. Veinte anaqueles, a cinco largos anaqueles por lado cubren todos los lados menos dos, cada anaquel encierra treinta y dos libros de formato uniforme; cada libro es de cuatrocientas diez páginas, cada página de cuarenta renglones, cada renglón de unas ochenta letras de color negro. También hay letras en el dorso de cada libro; esas letras no indican o prefiguran lo que dirán las páginas; su altura que es la de los pisos, excede apenas la de un bibliotecario normal. Una de las caras libres da a un hermoso zaguán hay dos gabinetes minúsculos: uno permite dormir de pie; otro satisfacer las necesidades fecales. Por ahí pasa la escalera espiral, que se abisma y se eleva hacia

59

lo remoto. En el zaguán hay un espejo, que fielmente duplica las apariencias" [4].

Aquí he viajado en mi juventud, he peregrinado en busca de un libro, un libro que posea los veinticinco símbolos ortográficos, un libro total, que signifique o que me indique algo, que me explique y que me haga entender, pues en otro he leído que los libros nada significan entre sí, pero también dicen que existe uno único, el cual, da la sabiduría completa y el descanso. Ayúdame a encontrarlo, pues lo compartiremos.

Desconcertado por el lugar, fingí estarle ayudando, observé con cuidado el espacio, en realidad era increíble, sentía que simplemente mi mirada se perdía en él, por lo que me costaba mucho trabajo retenerla. Tomé un libro dorado, sin cuidado se deslizó entre mis dedos cayendo al piso, indicando sugerentemente el siguiente texto:

Me encuentro delante de un altar de tierra donde flamea un fuego de hierbas secas, al que con brazos extendidos y mirando hacia arriba cantaba: el cielo es mi padre, él me ha engendrado. Tengo por familia todo este acompañamiento celeste. Mi madre es la gran Tierra.

"Cuentan los hombres dignos de fe (pero Alá sabe más) que en los primeros días hubo un rey de las islas de Babilonia que congregó a sus arquitectos y magos y les mandó construir un laberinto tan perplejo y sutil que los varones más prudentes no se aventuraban a entrar, y que los que entraban se perdían. Esa obra era un escándalo, porque la confusión y la maravilla son operaciones propias de Dios y no de los hombres. Con el andar del tiempo vino a su corte un rey de los árabes, y el rey de Babilonia (para hacer burla de la simplicidad de su huésped) lo hizo penetrar en el laberinto, donde vagó afrentado y confundido hasta la declinación de la tarde. Entonces imploró socorro divino y dio con la puerta. Sus labios no profirieron queja ninguna, pero le dijo al rey de Babilonia que él en Arabia tenía un laberinto mejor y que, si Dios era servido, se lo daría a conocer algún día. Luego regresó a Arabia, juntó sus capitanes y sus alcaides y estragó los reinos de Babilonia con tan venturosa fortuna que derribó sus castillos, rompió a su gente e hizo cautivo al mismo rey. Lo amarró encima de un camello veloz y lo llevó al desierto. Cabalgaron tres días, y le dijo: ¡Oh, rey del tiempo y substancia y cifra del siglo!, en Babilonia me quisiste perder en un laberinto de bronce con muchas escaleras, puertas y muros; ahora el Poderoso ha tenido a bien que te muestre el mío, donde no hay escaleras que subir, ni puertas que forzar, ni fatigosas galerías que recorrer, ni muros que te venden el paso. Luego le desató las ligaduras y lo abandonó en la mitad del desierto, donde murió de hambre y de sed. La gloria sea con aquel que no muere" [5].

El canto duró hasta el anochecer, era noche de luna nueva, desciende de la colina marchando bajo las encinas, prestando atención como antes a las voces evocadoras del bosque. Se encontraba de nuevo ante el templo abierto de ancho portal, pues las columnas ya habían subido hasta el cielo posándose ante él, una mujer bella se le acercó; llevaba una magnífica corona, su cabellera tenía color oro, su piel la blancura de la nieve y sus ojos el brillo profundo del azul del cielo después de la tempestad. Ella le dijo: Yo era la mujer salvaje; por ti he llegado a ser la esposa radiante y glorificada, ¡Oh, mi dueño y mi rey!, mis pasos han de enaltecer la entrada de tu palacio, pues brillara majestuoso durante esas noches de soledad lunar; mi presencia por el día, añadirá a los corredores que circulan el estar las cálidas sensaciones en colores ocres y amarillos que no brinda la piedra por su seriedad; y si así lo deseas, mis vestimentas serán teñidas del color del salpicar de las fuentes que posees en el jardín.

Él guardó silencio por un instante. Su mirada sumergida en los ojos de ella, media el abismo que separaba la posesión completa del eterno adiós. Pero sintiendo que el amor supremo posó su mano libertadora sobre la frente de la mujer, bendiciéndola le dijo: Adiós, se libre y no me olvides, pues yo no habitaré ese palacio al que tú has de habitar, no con el color trasparente del agua al salpicar, sino con el color del alba teñido por tu suspirar, y si así lo deseas, mis vestimentas serán...

¿Qué estas leyendo? -interrumpe el bibliotecario-

¿Acaso lo has encontrado?

De inmediato dejé el libro en sus manos, y escapé como pude de ese lugar de sabiduría que ahoga.

Por el correr de prisa, crucé otra puerta, que me introdujo a una galería de sensación elíptica, con el techo tan alto como el espacio de la catedrales góticas, que parecía tener anuncios y leyendas, entre las cuales leí:

"Soy el único hombre en la tierra... y poseo el castillo mismo en el que ahora mismo piensas tú... Sueño la luna y sueño mis ojos que perciben la luna. He soñado la tarde y la mañana del primer día. He soñado a Virgilio... y las escenas de la Divina Comedia de Dante... He soñado la geometría. He soñado el punto, la línea, el plano y el volumen. He soñado el amarillo, azul y el rojo. He soñado los mapas y los reinos y aquel duelo en el alba. He soñado la duda y la certidumbre. He soñado el día de ayer. Quizá no tuve ayer, quizá no he nacido. Acaso sueño haber soñado" [6].

"En un desierto lugar del Irán hay una no muy alta torre de piedra, sin puerta ni ventana. En la única habitación (cuyo piso es de tierra y que tiene la forma de círculo) hay una mesa de madera y un banco. En esa celda circular, un hombre que se parece a ti escribe en caracteres que no comprendo un largo poema sobre un hombre que en otra celda circular escribe un poema sobre un hombre que en otra celda circular...El proceso no tiene fin y nadie podrá leer lo que los prisioneros escriben" [7].

El templo predilecto, la plaza del mercado, los jardines de la escuela, tu casa... un monumento de una tarde sin duda inolvidable..., así como... "el rojo espejo occidental en que arde una ilusoria aurora. ¡Cuántas cosas... ciegas y extrañamente sigilosas! Durarán más allá de nuestro olvido, no sabrán nunca que nos hemos ido" [8].

"En su grave rincón, los jugadores rigen las lentas piezas. El tablero los demora hasta el alba en su severo ámbito en el que se odian dos colores. Adentro irradian mágicos rigores las formas: torre homérica, ligero, caballo, armada reina, rey postrero, oblicuo alfil y peones agresores. Cuando los jugadores se hayan ido, cuando el tiempo los haya consumido, ciertamente no se habrá cesado el rito. En el oriente se encendió esta guerra cuyo anfiteatro es hoy toda la tierra. Como el otro, este juego es infinito. (...) Dios mueve al jugador y éste, la pieza. ¿Qué dios detrás de Dios la trama empieza...?" [9].

Al pasar al siguiente esquema de letras mis pasos delataron el sonido de algo que se encontraba en el suelo, era... una moneda común, de veinte centavos. Camine embelesado con la moneda, la apretaba en las manos para asegurarme que aún se encontraba ahí. Pensé que no hay moneda que no sea símbolo de las monedas que sin fin resplandecen en la historia y la fábula. Pensé en el óbolo de Caronte, en el óbolo que pidió Belisario; en los treinta dineros de Judas; en las dracmas de la cortesana Laís; en la antigua moneda que ofreció uno de los durmientes de Efeso; en las claras monedas del hechicero de las 1001 Noches…"pensé que nada hay menos material que el dinero…" [10] el dinero me puede permitir la entrada a un restaurante, en las mesas copas y velas, adornos florales y enfrente de mí, el sonido transmitido por un saxofón acompañado de una melodiosa voz, a mi lado el ser de mis deseos y en el plato un rico flan,…"vaya una moneda simboliza nuestro libre albedrío." (…) "La miré, nada tenía en particular salvo unas rayaduras" [11].

Mientras sorprendido escuchó:

-Te cambio al Zahir por mi Aleph

¿Mi Zahir por tu Aleph?

-Sí, por mi Aleph, yo lo hube buscado y encontrado.

¿Y dónde lo encontraste?

-En la calle Garay, dentro una casa vieja, en el ángulo izquierdo del sótano.

¿Y qué es un Aleph?

-¡Ah! es uno de los puntos del espacio que contienen todos los puntos. Entonces, cambiamos?

¿Y, es tuyo?

-Claro que es mío… yo lo descubrí en la niñez, antes de la edad escolar. En el sótano, ya te lo dije. Mis tíos me tenían prohibido el descenso, pero alguien dijo que había un mundo en el sótano. Bajé secretamente, rodé por la escalera vedada, caí. Al abrir los ojos, vi el Aleph.

¿Me puedes describir que es el Aleph?

-Sí, "es el lugar donde están, sin confundirse, todos los lugares del orbe, vistos desde todos los ángulos" [12]

(Por un momento pensé que este tipo estaba loco) ¿Déjame verlo?

-¡Dame el Zahir y lo verás!

Ten la moneda.

-El Aleph está aquí, bajando este sótano… me voy, bajo la trampa y te quedas solo, para que no se vaya querer escapar,… claro está que si no lo ves, tu incapacidad no invalida mi testimonio…baja; muy en breve…

Bajé con rapidez, harto de sus palabras insustanciales… empecé a buscar… cerré los ojos y los abrí. Entonces lo vi, el espacio cósmico estaba ahí.

Vi al rey de la reina y de los hechicero… ciudad en donde… los Yahoos duermen donde los encuentra la noche… [13]

Vi… a una chica que ha enloquecido y que en su dormitorio los espejos están velados, pues en ellos "ve un reflejo usurpando el suyo, y tiembla y calla por ser consciente o inconscientemente perseguida de manera mágica" [14].

Vi… un sentido en lugar de cinco, en un mundo de individuos que pueden comunicarse entre ellos, por medio de palabras, "como dijo Schopenhauer, la música no es algo que se agrega al mundo; la música ya es un mundo" [15].

Vi un edificio… dentro de un terreno rectangular de seis metros de frente y algo menos de dieciocho de fondo. Cada una de las seis puertas que agotan la fachada de la planta baja comunica, al cabo de noventa centímetros, con otra puerta igual de una sola hoja y así sucesivamente, hasta llegar al cabo de diecisiete puertas, al muro de fondo. Sobrios tabiques laterales dividen los seis sistemas paralelos, que forman un conjunto de ciento dos puertas. Desde los balcones de la casa de enfrente, el estudioso puede atisbar que el primer piso abunda en escaleras de seis gradas que ascienden y descienden en zigzag; el segundo, consta exclusivamente de ventanas; el tercero, de umbrales; cuarto y último, de pisos y techos, el edificio es de cristal" [16].

Vi el populoso mar, el alba y la tarde,

vi las muchedumbres de América,

vi interminables ojos inmediatos escrutándose en mí como en un espejo,

vi todos los espejos del planeta y ninguno me reflejó,

vi racimos, vi nieve, tabaco, vetas de metal, vapor de agua,

vi un círculo de tierra seca en una vereda,

vi la noche y el día contemporáneo,

vi tigres, bisontes, marejadas y ejércitos,

"vi el engranaje del amor y la modificación de la muerte",

"vi el Aleph, desde todos los puntos, vi en el Aleph la tierra, y en la tierra otra vez el Aleph y en el Aleph la tierra, vi mi cara y mis vísceras, vi tu cara, y sentí vértigo y lloré, porque mis ojos habían visto ese objeto ese objeto secreto y conjetural, cuyo nombre usurpaban los hombres, pero que ningún hombre ha mirado: el inconcebible universo" [17].

Notas

1. Borges, Jorge Luis, "El Inmortal" en El Aleph, Obras completas 1923-1972, Buenos Aires: Emecé Editores, 1974, p.537.
2. Borges, *op. cit.*, "La casa de Asterión" en El Aleph, pp. 569-570.
3. Borges, *op.cit.*, "Laberinto" en Elogio de la sombra, p.986.
4. Borges, *op cit.*, "La Biblioteca de Babel" en Ficciones, p.465.
5. Borges, *op.cit.*, "Los dos Reyes y Los dos Laberintos" en El Aleph, p.607.
6. Borges, Jorge Luís. "Descartes" en La cifra, Poesía Completa, México: 2011, p.527.
7. Borges, *op. cit.*, "Un Sueño" en La cifra, p.558.
8. Borges, *op. cit.*, "Las Cosas" en Elogio de la sombra, p.310.
9. Borges, *op. cit.*, "Ajedrez" en El Hacedor, pp. 115-116
10. Borges, Jorge Luis, "El Zahir" en El Aleph, Obras completas 1923-1972, Buenos Aires: Emecé Editores, 1974, p.59.
11. Ídem
12. Borges, *op. cit.*, "El Aleph" en El Aleph, p.623.
13. Borges, *op. cit.*, "El Informe de Brodie" en El Informe de Brodie, p.1073.
14. Borges, *op. cit*, "Los espejos velados" en El Hacedor, p.786.
15. Borges, Jorge Luís. "El tiempo" en Borges Oral, Madrid: Ediciones Nepews, 1979, p.110
16. Borges, Jorge Luis y Casares, Adolfo Bioy: "Crónicas de Bustos Domecq", en Borges, Jorge Luis: Obras completas en colaboración, Ed. Emecé, Barcelona, 1997, p.335, Comentado en Prestinenza Pugiisi, Luigi: Hyper Architecture: Spaces in the Electronic Age, Ed. Birkháuser, Basel, 1999, p.40-1.
17. Borges, Jorge Luis, "El Aleph" en El Aleph, Obras completas 1923-1972, Buenos Aires: Emecé Editores, 1974, p.66.

Bibliografía

Borges, Jorge Luis, "Obras completas 1923-1972", Buenos Aires: Emecé Editores, 1974.

_____, "La cifra", Poesía Completa, México: Emecé, 2011.

_____, "Borges Oral", Madrid: Ediciones Nepews, 1979.

Borges, Jorge Luis y Casares, Adolfo Bioy: "Obras completas en colaboración", Barcelona: Emecé, 1997.

En busca de un espacio privado con calidad habitable

JORGE ANIBAL MANRIQUE PRIETO

*"No quiero que me duelan las paredes de mi casa,
que nadie diga que me miré al espejo ni que tiré para siempre mis
zapatos que perdieron su color por la distancia, constrúyela... para
que converse conmigo y ponle mil ventanas que den al paraíso"*
Nazario Chacón Pineda [1]

—*Muchas gracias señora Tere, me pondré a organizar mis cosas*—
eso dijo el joven estudiante antes de cerrar la puerta, aquella
primera noche que pasaría en ese espacio, en esa recámara, que
se convertía en su tercer sitio de habitación aquí, en la Ciudad de
México, a donde vino para el curso de sus estudios de Maestría en
Arquitectura.

Él Anhelaba un espacio donde se pudiera sentir tranquilo, libre
y en paz; en pocas palabras, que fuera un *"ser de confianza"* como
lo dice Heidegger [2]; departamento o habitación, que tuviera
vista a los árboles o a una zona verde, bien iluminado y con buena
ventilación. En su anhelar también se imaginaba un lugar donde
no hubiese mucho ruido exterior para poder concentrarse en sus
lecturas y tareas; y sobre todo, que estuviera cerca de la UNAM,
para no seguir sometiéndose diariamente al estrés del transporte
público de esta gigantesca ciudad.

Como un regalo del cielo -el joven estudiante- veía esa noche
aquel espacio. Palabras más, palabras menos, cumplía con la lista
de sus anhelos; solamente que con el paso del tiempo se fue dando
cuenta de lo importante que es conocer sobre la integridad de la
arquitectura, para especificar más en detalle las características de
aquellos lugares que él y los demás los seres humanos quisieran
habitar; detalles que harían la diferencia -piensa él-, para poderse
sentir pleno en el espacio que se habita.

Este joven arquitecto, ha ido aprendiendo que no es suficiente con vivir en un espacio que solo le brinde resguardo de la intemperie: del frio, del agua o de los peligros de la calle; o que sea solo un sitio para guardar sus objetos personales y algunos muebles para poder hacer sus actividades (dormir, estudiar, comer) [3]. Ha aprendido que un espacio habitable, *lugar*, debe ser un resguardo para el alma que lo habita. Un espacio que propicie la tranquilidad, la paz; que sea significativo para la existencia de él como habitante y que tenga correspondencia con sus necesidades físicas y espirituales.

Detalles como: que le encanta recibir el rayo de sol de la mañana, que no le gusta escuchar los ruidos de la calle y mucho menos de las otras habitaciones de la casa; que le desesperan los cables regados por el piso -por falta de tomas eléctricas-; la luz blanca que lo adormece en las noches; o el malestar físico que le produce el frio que emana de los vidrios del gran ventanal, en una noche de invierno, cuando intenta leer un libro. Todos estos y más detalles -que ahora entiende el joven, son parte esencial de la arquitectura y competen al oficio de los arquitectos- son aquellos por los que se le olvidó pedir; que no contempló y anheló en detalle.

A pesar de aquellos detalles ignorados, el joven no se queja, pues tiene una buena cama; una mesa y una silla de trabajo cómodas y de madera; material natural que lo remonta a los rústicos muebles de las casa de sus familiares, que viven en recónditos lugares de la abrupta geografía colombiana. También tiene un librero para sus documentos; una papelera para deshacerse de lo que no le sirve; un espejo grande, colgado en una de las paredes, para poder ver si sus zapatos combinan con su suéter; y un clóset con buen tamaño, donde ha podido meter su ropa, zapatos, maletas de equipaje, artículos de aseo personal y demás cosas que lo acompañan en este viaje.

Dicen algunos autores que a pesar del paso del tiempo, los seres humanos siempre tienen presentes los mitos y los ritos que dan explicación a su origen –individual y colectivo- [4]. El joven arquitecto nunca pensó, que al vivir en ese espacio se daría cuenta de la importancia que tiene la presencia de esos mitos y ritos en la vida diaria, como una manera de experimentar de una mejor manera el espacio que habita y de impregnar en él características que definen su identidad [5].

De esa manera, el joven tomó la decisión de intervenir ese espacio, apropiarse de él; dejar su huella; convertirlo en su morada. Con algunos cambios físicos ha impregnado ese lugar -lo más que le ha sido posible- de sus costumbres, memorias, anhelos y sueños; lo ha convertido en poesía [6]. Ha Buscado que al estar en ese espacio, sienta que está dialogando con él mismo, con su otro yo, revelado a través del espacio arquitectónico; que ha dejado de ser un simple espacio, para convertirse en *su Lugar de habitación*.

Para acceder al recinto en el que vive, el joven estudiante debe pasar por el patio de ropas del departamento; abrir una puerta hacia afuera (patio) y bajar un escalón, que le permite entrar a un pequeño nicho, que él ha bautizado como "el atrio", el cual mide apenas setenta y cinco centímetros (ancho de la puerta) por sesenta y cinco centímetros (profundo del clóset). Al pararse ahí, siente que está adentro, pero no lo suficiente; es una transición, un sutil respiro, que le permite pasar al pequeño espacio libre que dejan los muebles -en el interior del cuarto-, dispuestos junto a dos de los muros perimetrales, que delimitan la pequeña morada.

Este habitador, ha decidido que ese respiro de transición posea un olor conocido; así que ha impregnado la cortina a mano izquierda con la fragancia de su colonia –perfume-, para que al estar ahí se le olviden los olores de la cocina y del patio de ropas, y pueda sentir que está entrando en "su habitación". Como remate visual de ese acceso, ha puesto en la pared una fotografía de su familia y ha movido a un lugar más discreto la papelera, que hasta hace unos días era la que lo recibía cuando llegaba. También ha limpiado el desorden de frascos, monedas y papelitos sobre el librero, que ha conservado su posición, con una mejor distribución de los libros en su interior. Ha buscado la belleza que, como diría Agustín de Hipona, hay en el orden.

Al costado izquierdo del "atrio" y de la habitación hay una ventana corrida que permite la abundante entrada de luz norte y deja ver, desde un catorceavo piso, los árboles de la zona común de la unidad y el paisaje urbano de la ciudad de México. Con este ventanal, el joven arquitecto ha aprendido que el exceso de luz al interior de ciertas habitaciones tampoco es bueno, y que las cortinas pueden cumplir un papel muy importante a la hora de graduar la intensidad de la luz natural que un habitante necesita.

También se ha dado cuenta de lo frio que puede ser un gran ventanal en las noches, fenómeno que a pesar de cerrar las cortinas termina por enfriar la habitación; esto también ha motivado que él no pueda ubicar la mesa o la cama junto a la ventana, ya que su garganta, su débil garganta, se afecta al percibir el frio, con tendencia a helado, que expiran esos grandes cristales. Quizá el o los arquitectos que diseñaron este edificio –piensa el joven estudiante-, se preocuparon más por la apariencia estética exterior de la edificación, que por las consecuencias que en el interior, en las noches de invierno, traería ese gran ventanal para la comodidad y la salud de sus habitantes. En palabras de Heidegger, no hubo un "cultivo esmerado" [7] de los arquitectos por conocer las formas de habitar y, las virtudes y desventajas de los materiales para construir esos lugares habitables.

Parece curioso, pero en los casi seis meses que ha vivido en ese lugar, y a pesar del gran ventanal, este habitador no ha podido, ni una sola vez, contemplar un rayo directo de luz del sol. Sabe que hay rayos del sol por que los ve reflejados en la fachada de los otros edificios o porque siente cómo, al medio día o en la tarde, la placa de concreto de la cubierta (es el último piso del edificio) se calienta con el calor de sus rayos. Él anhela sentir el sol, como lo ha sentido en las frías mañanas en la sala de su casa en Bogotá, cuando acompañado por las emotivas palabras de su madre y un tinto (café), ha comenzado muchos de los días de su vida.

Por consecuencia de lo anterior, y con la ventaja de vivir en un último piso, el joven arquitecto le ha pedido a la señora "Tere," poder abrir un vano en el muro que da al oriente, para permitir que el sol lo visite en las mañanas despejadas y, quizá, hasta pueda mirar a través de él los maravillosos volcanes que enmarcan a esta mega-ciudad y que le dan su milenaria identidad.

No ha pedido más que un vano que puede medir lo que mide un ladrillo de la fachada, un solo ladrillo; eso es suficiente para tener un rayo de luz del sol que pueda chocar con sus manos, que lo pueda tocar con su calor; tal como sucedía en aquel baño de la primera habitación donde vivió en este país, en la que aprendió a valorar enormemente la presencia de un único rayo de sol.

Ese pequeño vano ya lo ha visto en otros lugares, como en la casa de su abuelita Rosa en Colombia, y cree ciegamente que a pesar de sus pequeñas dimensiones, puede ser eficiente. El sol lo levantaría en las mañanas, con un color casi naranja como el sol de la tarde de su querida Bogotá. Será como un combustible que fecundará su alma para seguir adelante; no pide nada más. Puede que en apariencia esto suene como un simple capricho, pero él lo ve -así lo menciona Nicolai Hartmann- como la expresión de su "ser anímico" [8]; como la evocación de una de las memorias que lo acompañan siempre, y que están afirmadas en su interior.

Por otra parte, el espacio está revestido de colores claros, a excepción del clóset que es de una madera un poco más oscura pero con vetas grandes que lo hacen sentir natural. Las paredes son de un color amarillo claro, y el piso y el techo son blancos. Esta claridad de los colores y el gran ventanal le hicieron pensar –al joven habitante- hasta hace poco tiempo, que el espacio era más grande en dimensiones, sin embargo, él ha podido comprobar que su área apenas sobrepasa los seis metros cuadrados.

La textura de paredes y techo hace que los mismos se sientan pesados; en el día es aceptable, pero en las noches bajo una luz artificial blanca y de poca potencia, prácticamente se siente tan pesado que cualquier ejercicio de lectura puede terminar durmiéndolo más pronto de lo que puede imaginar. Desde hace unos días, una pequeña lámpara de luz cálida le ha ayudado a mitigar esa sensación; su leve coloración amarilla, que a su vez evoca el anhelado rayo de luz del sol de mañana, se ha convertido en su compañera en las largas jornadas nocturnas de trabajo dentro de esa habitación. Ese espacio ha dejado de ser solo un sitio de descanso, para ser de trabajo también; esto ha implicado pequeñas intervenciones de su parte para buscar respuesta a las actividades "adicionales", que involucran su diario vivir, en este tiempo; actividades que probablemente no fueron la prioridad de su diseño; diseño que parece ser, fue orientado hacia la construcción de espacios mínimos funcionales de resguardo [9].

Continuando con la experiencia sensorial del espacio, la pesantez es sólo una ilusión óptica; el muro derecho, el único donde el joven estudiante puede acomodar la mesa de trabajo (junto al clóset) y la cabecera de la cama para no recibir el frio del cristal, es un muro de tabla roca que no posee un aislamiento acústico adecuado. Esto contribuye a comprobar su tesis: "hay que saber anhelar en detalle". Conocer la importancia, esencia y trascendencia de los detalles, hace las grandes diferencias en poder realmente habitar un espacio -Su anhelo debió ser: un lugar aislado del ruido exterior y de los ruidos de las demás habitaciones de la casa o departamento-. Para contrarrestar esto, el habitador no ha podido hacer mucho, por ahora solo intenta convencer a doña "Tere" de que la intimidad de una habitación no es sólo visual, sino también auditiva y olfativa; y que posiblemente los arquitectos que diseñaron este edificio no lo pensaron, o lo desconocían [10].

En este sentido, Octavio Paz, en el capítulo del Ritmo, en su libro "El arco y la Lira", comenta la importancia de los silencios en un poema; en la vida [11]. El silencio es algo que el joven estudiante no puede lograr en la recamara donde vive, y ha pensado en varias ocasiones que ello podría generarle una fuerte neurosis. Tampoco puede obligar a la señora "Tere" a poner un muro distinto; sin embargo, cree que el silencio, o al menos las pausas que le permitirían lidiar con aquellos ruidos, a veces desagradables, que penetran en su habitación, serán el resultado de un enmascaramiento. Si quiere contemplar algún sonido grato, se apoya en su ordenador, para poner algo de música que lo conduzca a un estado de serenidad, mientras contempla la naturaleza a través del gran ventanal que domina la habitación; que a pesar de presentar algunos desaciertos, le permite ver ampliamente las copas de los árboles y escuchar sutilmente los canticos de los pajaritos que se alegran con el sol de una nueva mañana [12].

Desde hace algún tiempo, el joven ha querido tener presentes en ese espacio- en proceso de convertirse en *Lugar*- recuerdos de su familia, su casa y su país, que a su vez le ayuden a apropiarse de él; por ello ha cambiado la posición y el contenido de los cuadros de flores descoloridas, puestos a gusto de doña "Tere" -en el único muro donde es posible-, por un par de fotografías de Isabela su sobrina y de sus amigos, para que sean otros puntos focales y de pausa en sus labores [13].

El joven ha descubierto que trabajar junto al espejo no es cómodo, a veces siente que él mismo se espanta al tenerse tan cerca. Por eso lo ha movido a una ubicación donde cumple su función, y no lo distrae tanto como lo hace junto a la mesa. De igual manera ha quitado elementos que actuaban como distractores para su cerebro, que le han permitido ver más organizado, definido y limpio el espacio. Es decir, ha organizado los cables -ocultándolos si le es posible- y los libros; y ha reorganizado el interior del clóset para que no siga sintiendo que al abrir alguna de las puertas, se le vendrán encima todas las cosas guardadas en él. El joven arquitecto ha buscado sentirse confiado en cada detalle que hace parte de ese lugar [14].

Finalmente, aquel habitador ha decidido seguir ubicando la cama junto al encuentro de los dos muros que lo acompañan cuando descansa en su lecho; con la cabecera dispuesta de tal manera que sus ojos puedan ver el cielo por la mañana al despertar y en la noche al acostarse; eso sí, con las cortinas entre abiertas, en una dimensión precisa que él ha definido en función de su relación visual del adentro con el afuera [15]. Con esto, él ha logrado motivar en su cuerpo "un impulso motor" [16] para que al despertar, se levante a abrir en plenitud las cortinas y pueda mirar los árboles, las fuentes de agua, y la extensión del paisaje de la naturaleza transformada, que es la ciudad; todo esto tan pacificador y gratificante para su comienzo de cada día.

Dice Heidegger que el Arte revela la verdad del *ente*; la verdad es el origen. La esencia es lo que hace que ese *ente* sea lo que es [17] Con el atrevimiento de pasar esto a términos de la arquitectura, se puede decir que la arquitectura revela la verdad del ser que la habita. Impregnar el espacio -en el que el joven arquitecto habita- de *su verdad*, le ha permitido a él, revivir la memoria de los tiempos pasados y la imagen poética de los anhelados; la revelación de su origen, la revelación de sí mismo [18].

Notas

1. Fragmentos del Poema para construir una morada. (Dedicado al arq. Lorenzo Carrasco.) Nazario Chacón Pineda. Documento inédito propiedad de Roberto López Moreno.
2. Heidegger, M., "Arte y Poesía", México: FCE, p. 54. Dice el autor: "El ser del útil, el ser de confianza, concentra en sí todas las cosas a su modo y según su alcance. El servir para algo el útil solo es, en rigor, la consecuencia esencial del ser de confianza. Aquél está dentro de este y sin él no sería nada." La arquitectura debe ser de confianza

para el habitante, permitir que el ser que la habita se sienta libre, en paz. Martin Heidegger (1889 - 1976) filósofo alemán, es una de la figuras protagónicas de la filosofía contemporánea: influyó en toda la filosofía del existencialismo del siglo XX.

3. Ibídem. Pág. 59. Dice Heidegger: "Pero la obra no es ningún útil, provisto además de un valor estético que a él se adhiere." La poética debe estar presente en la arquitectura desde su origen; es responsabilidad del arquitecto, no solo de quien la habita.

4. Cassirer, Ernst; El mito del estado; FCE; Págs. 30 a 48. Ernst Cassirer (1874– 1945) fue un filósofo de origen alemán, ciudadano sueco desde 1939. Fue conocido por su obra Filosofía de las formas simbólicas del campo de la filosofía de la cultura. También realizó contribuciones a la epistemología, a la filosofía de la ciencia y a la historia de la filosofía.

5. Heidegger, Martín; Arte y Poesía. Trad. Samuel Ramos. FCE; México Pág. 98. Dice el autor: "La esencia del arte es la Poesía. Pero la esencia de la Poesía es la instauración de la verdad [del ser]. La palabra instaurar la entendemos aquí en un triple sentido: instaurar como ofrendar, instaurar como fundar e instaurar como comenzar." La arquitectura establece el mundo del ser que la habita; es decir debe ser un reflejo de su verdad, de su esencia.

6. Ibíd. Pág. 115. Dice el autor: "la poesía es la instauración del ser con la palabra", en relación al tema que se aborda en este ensayo se podría decir "la poesía es la instauración del ser que la habita en la arquitectura".

7. Ibídem. Pág. 81. Dice Heidegger: "Los grandes artistas, aprecian en extremo la capacidad manual, para cuyo pleno dominio exige un cultivo esmerado." Esto es una recomendación certera; el arquitecto está en la obligación de conocer las técnicas constructivas de su tiempo, entender los materiales, cómo funcionan, cuales son las propiedades y sobre todo cuál es su aporte a la habitabilidad de los espacios que permiten materializar.

8. Hartmann, Nicolai; "Estratos de la arquitectura; Segundo estrato interno" Pág. 255. "Pertenece entonces evidentemente a la experiencia de la vida en tales obras arquitectónicas, en su contemplación y utilización diarias, en la confianza que se le toma y en la creciente necesidad de hacer que lo habitado sea soportable y adecuado- para configurar en general formas que sean suficientes para un anhelo anímico superior, es decir, aquellas que expresan algo del ser anímico y de la postura interior de sus creadores." Nicolai Hartmann (1882 - 1950) fue un filósofo alemán del Báltico. La obra aborda el problema del conocimiento por todos los flancos: psicológicos, lógicos y éticos. También trata el problema del conocimiento desde el conocimiento

mismo (el principio de la inmanencia) y se muestra por una serie de aporías cómo la inmanencia misma nos lleva a la trascendencia. Aquí comienzo el problema metafísico del conocimiento, el cual Hartmann desarrolla ampliamente en la obra en su aspecto racional, el lado ontológico.

9. Op.cit. Heidegger; Construir, Habitar, Pensar. Págs. 86-87. "Lo que aquí se llama forma debe entenderse por aquella posición y composición en que la obra es tanto en que se expone y se propone". Esta habitación fue única para la época en que fue concebida, para cierta forma de vida. Sin embargo hoy, al ser habitada por mí, esta habitación poco a poco se va adaptando en lo posible a mi forma de vida, que también está definida por un tiempo único; mi tiempo presente.

10. Ibídem. Pág. 81. Continua Heidegger hablando de los grandes artistas: "Más que nadie, se esfuerzan en adquirir siempre de nuevo el dominio de del oficio." El arquitecto debe conocer las herramientas y materias de su oficio; pero sobre todo debe ser consciente de las formas de habitar, que se renuevan y ajustan con el tiempo

11. Paz, Octavio; El arco y la lira: el poema, la revelación poética, poesía e historia; FCE, México, 2006; Págs.49 a 67. Octavio Paz Lozano (1914 - 1998) fue un poeta, escritor, ensayista y diplomático mexicano, Premio Nobel de Literatura 1990. Se le considera uno de los más grandes escritores del siglo XX y uno de los grandes poetas hispanos de todos los tiempos.

Bibliografía

Cassirer, Ernst, "El mito del Estado", México: Fondo de Cultura Económica, 1985.

Hartmann, N., "Estética", México: UNAM, 1977.

Heidegger, Martín, "Construir, Habitar, Pensar", Conferencias y Artículos, SERBAL, Barcelona, 1994.

Heidegger, Martin, "Arte y poesía", México: Fondo de Cultura Económica, 2000.

Paz, Octavio; El arco y la lira México: Fondo de Cultura Económica, 1956

Minificciones sobre arquitectura
La construcción del Aleph[1]

FEDERICO MARTÍNEZ REYES

Mansión
"Ese pequeño espacio, que Borges llamó Aleph, es mi casa".
Federico Martínez

El tema que trataré en este ensayo, tiene que ver con los correlatos entre arquitectura y literatura, sobre todo en las coincidencias que pueden existir entre un texto de una cuartilla y una espacialidad generada en menos de cien metros cuadrados. El paralelismo se abordará primeramente en la extensión, depués se mencionarán algunos ejemplos, muy breves, de cómo se han relacionado algunos textos con el proyecto arquitectónico y, finalmente, se reflexionará sobre la resignificación de los objetos arquitectónicos a través de algunas minificciones.

Arquitectura mínima y minificción
Según Lauro Zavala [2] una minificción se define por la extensión del texto, misma que no rebasa el espacio de una hoja en blanco. En el caso de la arquitectura es difícil establecer un límite de extensión, pues las condiciones económicas inciden directamente en las dimensiones de lo construido. Hay casas en asentamientos irregulares que se levantan en dieciséis metros cuadrados y en donde viven cinco personas; estas viviendas precarias se construyen en estos metros cuadrados por falta de recursos económicos. He decidido descartar por el momento estas viviendas irregulares ya que no hay una intención manifiesta de construir un objeto de tales dimensiones y es más bien un producto de limitantes presupuestales, y centrarme en las viviendas mínimas que, de manera intencional, fueron solicitadas y diseñadas en espacios pequeños y que tienen una superficie construida menor a cien metros cuadrados.

Una casa *Geo* [3] es un buen ejemplo para tener una idea de las dimensiones establecidas, estas casas en promedio tienen un área construida de cien metros cuadrados, con dos recámaras, baño, sala, comedor, cocina y sanitario, todo en dos niveles. Establecidas las dimensiones de la minificción y de la arquitectura mínima planteo el primer correlato, el cual tiene que ver con la percepción de las dimensiones, en donde el contenido desborda la forma. En el caso de las dimensiones literarias me gustaría ejemplificar con el texto de Sergio Golwarz, titulado *Dios*, cuyo contenido *monopalábrico* lleva en sí mismo la eternidad y omnipresencia de ese ser inconmensurable, que muchos evitaron nombrar, so pena de ser fulminados, y que el autor plasma con tanto respeto y desparpajo: Dios. En este ejemplo, la forma es incapaz de contener la inmensidad cósmica que se significa y expone.

Algo similar sucede con la arquitectura mínima, en donde, muy contrario al imaginario colectivo que se tiene de estas casas pequeñas, -que oscila entre una escalofriante y lúgubre espacialidad asfixiante y un objeto de funcionalidad cuestionable- sus habitantes miran algo diferente. No porque no miren lo que es evidente, sino porque en el hecho de habitar esos lugares, sobre todo si esas casas son sus casas, le da un significado completamente distinto, tanto, que con orgullo exclaman que tal edificación es su casa. En vez de mirar la pequeñez física miran un universo inconmensurable.

Esta inmensidad está determinada por la experiencia del habitante en un espacio determinado, el cual no se limita a la separación entre muros y losas, sino que se mide por aquello que sucede en su habitáculo. Las dimensiones físicas pasan a segundo término cuando la vida del habitador se carga de significados gracias a los sucesos que se desarrollan en su casa, desde que se apropia de ésta, invita a sus amigos a una cena, recibe en ella al hijo recién nacido o al pródigo, hace el amor en su recámara o cuando descansa apaciblemente o cocina. Todas estas actividades, triviales a simple vista, llenas de alegrías y penas, pero también de olores, colores y luces, inciden en la percepción espacial del habitante quien construye un universo en pocos metros cuadrados.

La arquitectura mínima puede medirse físicamente desde dieciséis metros cuadrados si tomamos en cuenta la arquitectura efímera y provisional que se construye luego de un desastre natural o humano. Pero hay también aquellas que son conscientemente construidas para ser moradas permanentes, que se construyen en áticos de veinte metros cuadrados incluyendo su terraza, o viviendas que combinan su uso con oficina-estudio en cincuenta metros cuadrados. Incluso hay proyectos que pretenden construir casas entre dos edificaciones en un frente máximo de ciento veintidós centímetros y un mínimo de setenta y dos centímetros [4].

Estas arquitecturas y proyectos, al igual que la minificción, son relatos ceñidos en una espacialidad pequeña, pero en ellos hay una doble complejidad. La primera es el diseño, el cual se construye a través de múltiples intentos hasta que se encuentra el lugar preciso para las diferentes espacialidades. Este proceso de configuración, que conocerán los escritores, es laborioso. El diseño final aparece limpio, breve, ordenado, pero su hechura lleva más tiempo del que nosotros podemos ocupar en revisarlo. La segunda es la relación habitador-objeto, que permite construir, y posteriormente cuidar [5], los sucesos que le darán vida y significado a los objetos arquitectónicos, es decir a los contenidos que, al paso del tiempo, serán más grandes y profundos que sus propios límites.

Los muros y las letras

La relación filial entre la literatura y la arquitectura se debe a que ambas comparten una misma madre: las Bellas Artes. Esto ha generado una relación tácita apreciable en algunos textos *ecfrásticos* [6] que pretenden evidenciar el oculto valor artístico de los objetos arquitectónicos.

El uso de estos textos literarios, breves y con tintes poéticos, es usado con mucha frecuencia por los arquitectos para dar a conocer el *concepto* que sustenta la forma de un diseño. Estos textos se realizan para cargar de significado las imágenes que se presentan y su uso se vuelve cada vez más cotidiano. Uno de los primeros ejemplos registrados es un texto presentado a manera de himno por Boullé, arquitecto francés perteneciente a un movimiento arquitectónico de la Ilustración llamado *Arquitectura Parlante*. Éste acompaña el proyecto para un *Cenotafio de Newton*, cuya forma es una enorme esfera perforada que permitía reproducir un cielo estrellado en su interior durante el día, mismo que sería iluminado durante la noche por un gran foco de luz. El texto es el siguiente:

> ¡Genio vasto y profundo! ¡Ser divino! Newton... tú has determinado la forma de la tierra; yo he concebido el proyecto para envolverte con su descubrimiento... [7]

|Federico Martínez Reyes

Un ejemplo muy actual de este tipo de relación entre el proyecto y la literatura es el de la controvertida *Estela de Luz* que, antes de ser un objeto vilipendiado, fue un proyecto con buenas intenciones y altas pretensiones significativas. El siguiente es un fragmento del texto del arquitecto César Pérez Becerril con el que se presentó el proyecto a concurso, mismo que cuenta con la *poética* colaboración de Eugenia León y que lleva por título *La figura espigada del Bicentenario*:

> "Desde antiguos los seres humanos cada vez que queremos perdurar miramos hacia el cielo. Creyentes o no, la humanidad voltea a los ojos a lo alto cuando quiere inspiración, ideas, fuerza. Este monumento es, en primer lugar, eso. Búsqueda de lo infinito, búsqueda de lo absoluto.
>
> Pero como cada quien eleva la mirada desde lo que es, nosotros nos elevamos con la pureza del cuarzo que nace de la fuerza profunda de nuestra tierra; piedra antigua del mundo prehispánico que en esta forma gloriosa nos dice que México, antes y después de la Conquista, de cada asimilación cultural, de todos los procesos históricos, de cada gesta heroica, de su lucha indoblegable por su independencia y por su permanencia, de sus desgarros, es un Pueblo vivo y unido que siempre estuvo allí". [8]

¿Por qué los arquitectos tenemos el valor de escribir? Más allá de nuestras pretensiones literarias, lo hacemos para clarificar la intención expresiva del diseño, pues si gente ajena a la producción del diseño mirara únicamente las imágenes, no sería capaz de ver en ellas el significado que los escritos anteriores develan. Muy seguramente, quienes conocen la Estela de Luz desconocían el significado que se le adjudicó al diseño y que de alguna u otra manera los diseñadores pretendían que se mantuviera en el objeto construido, lo cual, quizás no sucedió.

Los arquitectos somos seres muy bienintencionados, pero ni los diseños que realizamos ni los objetos construidos basados en tales diseños tienen la posibilidad de comunicar o cumplir con esas buenas y samaritanas intenciones, pues en el proyecto las imágenes dibujadas tienen las restricciones propias de la expresión y la comunicación. En las arquitecturas, es decir en los objetos construidos las intenciones del proyecto mueren desde el momento mismo en que, desde su habitabilidad, el sujeto habita y resignifica el objeto arquitectónico.

La literatura no sólo ayuda a dar esa significación que el arquitecto pretende del proyecto, sino que ayuda a comunicar las historias contenidas en la arquitectura, sin la literatura no podríamos saber lo que sucede detrás de los muros y seríamos incapaces de ver esos universos que día a día se construyen en la relación entre el habitante y sus moradas. Sin ella, la arquitectura es asombrosamente muda.

La resignificación de la arquitectura a través de la minificción

Algunas minificciones nombran catedrales, casas, muros, cuartos, como escenarios de los breves acontecimientos. En algunos de ellos son fantasmas los que habitan estas arquitecturas como en el relato de George Loring Frost [9] titulado *Un creyente* en donde un fantasma se encuentra "en los oscuros corredores de una galería de cuadros" [10], preguntando a un desconocido si cree en fantasmas, solamente para hacer evidente su propia condición espectral. En el relato *Ángel de Luz*, de Agustín Monsreal, los muros se vuelven etéreos cuando un par de hermanos los atraviesan para ir al encuentro de la madre fallecida que llama a la hermana, esta última renuente a reconocer su mismo estado fantasmal [11]. Otro espíritu aparece cerca de un objeto arquitectónico en la minificción titulada *Despistada* de Mónica Lavín, donde una mujer olvida, mientras intenta entrar a su casa, que está muerta [12].

De estas narraciones espectrales son destacables dos aspectos. El primero, el hecho de la permanencia espiritual de los que alguna vez habitaron en sus casas y sus cuartos, tan suyos aún que difícilmente se desprenden de ellos. Esto es interesante para los arquitectos, pues las imágenes de las casas que se mostraron en el apartado anterior aparecen completamente libres de habitante alguno, como si la aparición de éstos fuera algo aborrecible, algo que pudiera infectar la aséptica imagen del objeto arquitectónico. Las minificciones hacen énfasis en ese tema que tanto presumimos los arquitectos que nos compete, el de la habitabilidad, descubriendo algo obvio: que la habitabilidad no existe sin el sujeto que la construye y no a la inversa que la habitabilidad existe gracias a los objetos que diseñamos. Como los arquitectos creemos fervorosamente en esto último, es muy frecuente ver imágenes en revistas especializadas de arquitectura presentando el objeto sin el sujeto que la habita.

El segundo aspecto es lo fácil que se desvanece lo material de lo arquitectónico a través de la palabra, porque cuando un fantasma atraviesa un muro, este muro se vuelve etéreo, como si el fantasma fuera éste y no el sujeto muerto. La minificción desmaterializa muy rápidamente, en la imaginación, la imagen formal que tanto esfuerzo le costó al arquitecto dibujar y al cliente construir.

Esta posibilidad de construir y destruir en tan poco tiempo, ciertamente envidiable para el arquitecto, se refleja en el texto *La Catedral*, de Raúl Renán, la cual está hecha de palabras, no de piedras labradas:

> "La palabra catedral necesitó de otras palabras para erguirse firme. Llegó y se instaló con su séquito organizado. Los arquitectos vieron, midieron, sintieron. ¡Gratuito! No saben que las palabras tienen sus leyes de equilibrio; tampoco lo sabe el pueblo que un día tuvo necesidad de palabras lapidarias para edificar una manifestación y sin parar mentes echó mano de los sustentos de catedral por lo que ésta se derrumbó sin quedar letra sobre letra". [13]

En este texto el autor logra en segundos lo que a un pueblo medieval le hubiera costado trescientos años y, claro, tan fácil como se construye, una turba iracunda la destruye al retirar las palabras que la cimientan. A diferencia del texto del arquitecto Becerril sobre la Estela de Luz, complementario al diseño, en la minificción de Renán palabra y forma son una sola cosa; en la Estela de Luz es más complicado relacionar los conceptos con la imagen, en la minificción, la imagen de la Catedral, aunque hecha de palabras, se construye en sí misma, al instante de nombrarla. Hay, además, una síntesis histórica derivada de la minificción, que alude por una parte a la turba de franceses que, hartos de la monarquía, atacaron y destrozaron los rostros de los santos colocados en la fachada de Notre Dame de Paris, a los cuales confundieron con reyes, y por otra parte a la turba de renacentistas intelectuales que se manifestaron en contra de las bárbaras catedrales góticas, que con palabras destrozaron los significados primigenios de las catedrales, motivando su descuido y por lo tanto su destrucción.

Cuando los arquitectos descuidamos las palabras, la minificción, en tan pocas líneas, nos recuerda aquello que es digno de atenderse: al individuo que habita y lo que significan los objetos arquitectónicos para estos habitantes, más allá de lo que alguna vez los arquitectos pretendimos que significaran.

Conclusión

La arquitectura tiene serias limitaciones expresivas y de comunicación que la literatura no. La minificción ayuda a la literatura a ampliar cada vez más sus fronteras al condensar, como un Bing Bang, la materia que, al final de cada minirelato, se expande explosivamente. En la limitación de la arquitectura, los arquitectos nos vemos sometidos a una condición productiva que en nuestro ejercicio de diseño nos obliga a determinar una y solamente una forma de aquello que se pretende construir. La arquitectura resultante de esos dibujos es muda, mientras nadie la habita está muerta, por sí misma nada es. Pero en cuanto es habitada, lo que era nada y uniforme multiplica sus formas y se vuelve un universo para quien la habita, tan inmenso como para estar en ella aún después de la vida. No importan las dimensiones, todas, grandes y pequeñas se vuelven entrañables y queridas.

¿Cómo se reconstruye la multiplicidad de formas y significados del objeto? Curiosamente el arquitecto nada tiene que ver con esta "construcción", pues nuestra labor como diseñadores-hacedores-de-imágenes no puede determinar ninguna de las historias que se desarrollarán en el objeto construido, porque el arquitecto, si participa en la producción de un objeto arquitectónico desde el diseño hasta la construcción, entrega al que habita una hoja en blanco, completamente muda. A partir de entonces el habitador construye sus propias historias para que otros las cuenten, para que otros sean testigos de cómo atraviesan muros y desaparecen y se despistan. Esos otros son los escritores. Haciendo alusión al Aleph, los arquitectos y sus clientes les dejamos a los escritores una esfera de dos o tres centímetros de diámetro, una pequeña casa o departamento, para que cuenten, de manera sucesiva; porque sucesivo es el lenguaje, todo el universo construido por el habitante que cabe allí, para que, a fuerza de contar historias, esa pequeña esfera manifieste un día, sin aumentar su tamaño, su verdadera magnitud de mansión.

Federico Martínez Reyes

Notas

1. Este texto fue leído en el *Coloquio de Minificción* que se llevó a cabo en la Facultad de Filosofía y Letras de la Universidad Nacional Autónoma de México en agosto de 2013.
2. Las Casas Geo son casas de interés social que, en general, son diseñadas con las medidas mínimas permitidas por los reglamentos de construcción.
3. Zavala, Lauro. "Seis problemas para la minificción, un género del tercer milenio: Brevedad, Diversidad, Complicidad, Fractalidad, Fugacidad, Virtualidad". Recuperado en: http://www.ciudadseva.com/textos/teoria/hist/zavala2.htm, 2010.
4. Este proyecto fue bautizado como La casa es Keret, y tiene catorce punto cinco metros cuadrados. Consta de un estudio, cocina, baño, comedor y un cuarto para invitados. Fue diseñado por Jakub Szczesny de Centrala. El primer modelo se pretende construir entre dos edificios en el distrito de Wola, Polonia.
5. Heiddeger, en *Construir, Habitar, Pensar*, da dos sentidos de la palabra construir: erigir y cuidar. Se erige la casa para cuidarse después.
6. La écfrasis se refiere a la representación verbal de una representación visual.
7. Walter Kruft, Hanno. "Historia de la teoría de la arquitectura", Madrid: Alianza Editorial S. A. 1990, p.208.
8. Pérez Becerril, César, con la colaboración de Eugenia León. *Monumento emblemático estela de luz*, 2009. Recuperado en: http://www.bicentenario.gob.mx/index.php?option=com_content&id=297
9. Seudónimo de Jorge Luis Borges.
10. Borges, Jorge. Ocampo, Silvina. Casares, Adolfo. "Antología de la literatura fantástica", Barcelona: Editorial Sudamericana,1977, p.95.
11. Monsreal, Agustín, "Ángel de luz"", Revista latinoamericana de minicuento, No. 8 Seis minicuentistas mexicanos. Recuperado en: http://www.calarca.net/minificciones/index08.html
12. Lavín, Mónica, "Despistada", Revista latinoamericana de minicuento, No. 8 Seis minucuentistas mexicanos. Recuperado en: http://www.calarca.net/minificciones/index08.html
13. Renán, Raúl. "La catedral", en: Minificción mexicana (selección) de Lauro Zavala. Recuperado en: http://antologiasinpoesia.blogspot.mx/2013/03/minificcion-mexicana-seleccion-de-lauro.html

Bibliografía

Borges, Jorge, Ocampo, Silvina, Casares, Adolfo. "Antología de la literatura fantástica", Barcelona: Editorial Sudamericana, 1977.

Fugacidad, Virtualidad". Recuperado en: http: //www.ciudadseva. com/textos/teoria/hist/zavala2.htm, 2010.

Heiddeger, "Conferencia y artículos", Serbal: Barcelona, 1994.

Lavín, Mónica, "Despistada", Revista latinoamericana de minicuento, No. 8 Seis minucuentistas mexicanos. Recuperado en: http:// www.calarca.net/minificciones/index08.html

Monsreal, Agustín, "Ángel de luz"", Revista latinoamericana de minicuento, No. 8 Seis minicuentistas mexicanos. Recuperado en: http://www.calarca.net/minificciones/index08.html

Pérez Becerril, César, con la colaboración de Eugenia León. Monumento emblemático estela de luz", 2009. Recuperado en: http://www.bicentenario.gob.mx/index.php?option=com_content&id=297

Renán, Raúl. "La catedral", en: Minificción mexicana (selección) de Lauro Zavala. Recuperado en: http://antologiasinpoesia. blogspot.mx/2013/03/minificcion-mexicana-seleccion-de-lauro.html

Walter Kruft, Hanno. "Historia de la teoría de la arquitectura", Madrid: Alianza Editorial S. A. 1990.

Zavala, Lauro. "Seis problemas para la minificción, un género del tercer milenio: Brevedad, Diversidad, Complicidad, Fractalidad,

La representación de la arquitectura como un índice para entender la imaginación

ADOLFO BENITO NARVÁEZ TIJERINA

Existen diferencias fundamentales entre las gráficas que utiliza la arquitectura "académica" para representar el ambiente edificado, y las que utilizan los habitantes y constructores "populares" para describir los edificios y lugares urbanos en los que viven. La idea central que trataré de desarrollar en este ensayo es la de que estas diferencias evidentes en las representaciones del ambiente construido expresan en el fondo acercamientos diferentes a la materialización de la arquitectura y la ciudad, divergencias que son explicables especialmente como modos diferentes de imaginar, y que enmascaran ámbitos de valores y de ideas divergentes con respecto a la naturaleza y los fines de los lugares que concebimos para vivir.

Divergencias de la gráfica académica y la popular

Un dibujo de Gilles Tiercelet, que aparece en *Architecture Moderne ou l'art de bien batir pour toutes sortes de persones* publicado en 1728, expresa muy bien los recursos imaginativos de toda una tradición de arquitectura desarrollada a partir de los descubrimientos y las ideas del renacimiento europeo. El objeto, para que sea representado en su totalidad requiere cuatro puntos de vista de cuatro diferentes formas de aproximación, cuando leemos este dibujo tenemos una imagen en corte que nos dice de los elementos estructurales que requiere la construcción de este edificio, y acerca de la manera en que están dispuestos los diferentes espacios, la distribución de las funciones y de las dependencias; las plantas nos informan sobre la organización del lugar y sus relaciones dimensionales; y por su parte el alzado, que es el elemento dominante de la lámina de Tiercelet informa de una manera muy exacta la apariencia que tendrá el edificio. Los cuatro dibujos de la lámina tienen relaciones proporcionales que "cierran" la idea del arquitecto de modo que no cabría otra interpretación posible para la realidad que propone. Hay en el fondo de esta imagen la idea de una regularidad esencial en la realidad, una isotropía que podríamos situar en la estabilidad del mundo racional de Descartes y que nos remite a la consideración de un universo que es igual en todas sus propiedades sin importar la localización en que se encuentre el objeto. Una estabilidad de la realidad que tiene su manifestación más eficaz para la arquitectura en la recta medida de sus componentes.

Algo similar ocurre en el proyecto urbano. La representación de la ciudad de Palmanova un proyecto renacentista del siglo XVI atribuido generalmente a Vincenzo Scamozzi recurre a una recta representación del todo -que es la ciudad y sus edificios- un mundo que por otra parte parece apartarse con autonomía del resto del universo renunciando -inclusive- a mostrar la imagen del paisaje. Se trata de una gráfica lo mas fiel posible del objeto que está tratando de describir. Es una descripción exacta de la realidad abstraída del resto de las cosas en términos de la geometría del objeto.

Es importante llegar a este punto precisamente, pues la geometría del objeto define sus cualidades espaciales; sus cualidades dimensionales, pero nosotros al ver esta imagen de la ciudad de Palmanova nos damos cuenta de que faltan descriptores para esta imagen. La representación no puede mostrar el todo, no estamos viendo toda la escena ciudadana; si bien en esta perspectiva militar sí podemos tener una idea de la manera en que están distribuidas las funciones en la ciudad y la manera en que esta traza radial organiza a la vida (unas figuras pretendidamente humanas en las calles y en las plazas que señalan hacia todas las direcciones de ese mundo perfectamente equilibrado de la realidad renacentista), no podemos tener una idea precisa de los elementos que están detrás de la muralla, por ejemplo, o de la apariencia total de unos edificios que intencionalmente Scamozzi no ha estandarizado, tal vez como un recurso para mostrar la libertad de la vida civil en ese pequeño y perfecto mundo. Pienso que esta imagen y la lámina del tratado de Tiercelet a la que aludíamos son representaciones rectas de la geometría, pero no son representaciones totales del espacio.

¿Qué clase de descriptores podrían informarnos sobre los componentes de la vida que no están asidos a la geometría de unos elementos físicos? Una representación de un mapa mental que hizo un niño de siete años de la Colonia Regina en la ciudad de Monterrey puede ilustrar las diferencias fundamentales a las que se alude en este trabajo. Se menciona justamente después de la imagen de la ciudad de Palmanova porque la Colonia Regina tal como ésta, se configura con base en un trazado radial. Hay una sensibilidad en la representación de este niño al trazo radial, porque la cuadra en la que vive es aledaña al centro de la colonia, que es a la vez el corazón social de esta zona de la ciudad.

Se trata de una representación muy interesante del espacio, pues nos retrata lo que él considera su ámbito cercano a vida; es ahí donde él se mueve, no se mueve más allá de su cuadra o no es importante para él algo que se encuentra más allá de este ámbito; pero la forma, la topología de la figura, sugiere que hay un centro radial que arroja todo fuera de sí, como en la ciudad de Scamozzi. La parte más lejana de este centro lo dibuja mucho más grande que su parte más cercana, por otro lado los postes que aquí adquieren una dimensión magnífica (más grandes aún que las casas) son empujados hacia afuera empujados de este centro; también los postes de luz mercurial son empujados, lo cual hace evidente de nuevo la forma en que está organizado el espacio de la colonia.

Pero sucede una cosa interesante que me gusta ver cuando se pone frente a las imágenes de Tiercelet o de cualquier arquitecto académico, es la capacidad que tiene este dibujo de ser una representación de la planta y del alzado al mismo tiempo, es decir, se trata de una descripción más o menos total del ambiente. En algunos otros dibujos, recogidos durante investigaciones de campo en muchos otros contextos urbanos, se anotan incluso los nombres de las personas que viven en los lugares, en otros casos además se anotan datos históricos de la propia colonia directamente en el dibujo. Esto señala unas diferencias esenciales de los descriptores que utilizan los arquitectos populares frente a los arquitectos académicos.

La primera de ellas es la noción de una descripción totalizadora del lugar habitado en la representación del espacio popular, frente a una descripción parcial de la gráfica académica y la segunda es el abandono en el dibujo popular de la noción de que hay que representar únicamente el universo de los objetos físicos para describir el lugar. La representación que así se consigue incluye además en el dibujo a la gente y sus relaciones sociales. Hay un asunto que evidentemente aparta una forma de representación de la otra: el desapego del dibujo popular por una recta representación de la geometría.

Después de hacer un análisis comparado entre ambas clases de representación vale la pena plantearse un asunto fundamental para la lectura crítica de la ciudad: la arquitectura ¿es la colección de los objetos físicos con los cuales construimos visualmente el espacio de nuestra vida; o la arquitectura es el espacio, los elementos físicos que éste organiza, más las formas de vida de los habitantes y los significados que estos construyen durante su habitar en el lugar?

Divergencias en la materialización de la arquitectura académica y la popular

Evidentemente estas divergencias que se señalan entre la gráfica popular y la académica podrían tener una relación con la materialización de la arquitectura, y más aún, podrían proveernos de pistas para la construcción de una lectura crítica de ambas. Hay un ejemplo interesante que puede ayudarnos a aclarar este asunto. El edificio que alberga la Biblioteca de la Ciudad de San Antonio en Texas, E.U.A., conocido popularmente como *La Enchilada*, obra de Ricardo Legorreta, es un edificio interesante por varias razones: la primera de ellas es porque traduce la personalidad de un arquitecto. Uno al ver este edificio no puede sino recordar la arquitectura tan publicitada de Legorreta en muchos contextos, incluido el Texano, nuestra Universidad de Nuevo León, el de los Ángeles, California, la Ciudad de México, etc. Se trata de una imagen de la arquitectura que traduce una firma que está asociada a una manera de concebir la geometría y los colores del edificio.

Por otro lado, es un ejemplo interesante de los medios de producción de la arquitectura moderna y del significado -en el contexto de las modernas ciudades- de la arquitectura contemporánea de autor. Este edificio está ubicado en las proximidades del paseo del río en San Antonio, un lugar que fue remodelado haciendo una serie de restaurantes, grandes almacenes comerciales y edificios de servicios, que se ha convertido con el tiempo en un paseo turístico muy importante de la ciudad. Muy cerca de la biblioteca a la que nos referimos se localizan algunos lugares de arquitectura tradicional Texana que poseen una mímesis con el ambiente que es verdaderamente hermoso; la utilización de piedras, de ladrillos, de madera; de materiales naturales, la utilización de colores pardos, quemados por los soles, que tratan de ser como la naturaleza de esta región del Valle de Texas, verdes olivo que raramente brillan más que la tierra. Un hospital y un edificio de oficinas que rodean a La Enchilada son también de esa misma contextura; en sus colores y materiales tienen una conformación similar, compartiendo además una altura similar con el resto del paisaje urbano.

Todos los elementos del paisaje colaboran para crear la unidad excepcional de este distrito histórico. Desde la carretera 410 que cruza San Antonio de sur a norte y que conduce hacia Austin y hacia el Paso, es perfectamente visible el edificio; uno lo ve de inmediato, no solamente por el color anaranjado de sus grandes muros -el que le da su mote peculiar- sino por el equilibrio entre la masa del inmueble y sus vacíos. Hay un equilibrio entre los vanos y los macizos que es muy diferente de la arquitectura del centro próximo de gran altura, que por lo general, tiene superficies acristaladas muy grandes y formadas por elementos modulares repetidos. Las herrerías que cubren las fachadas de los edificios son una repetición de módulos estandarizados, mientras que en La Enchilada la composición entera tiene como base el predominio de la masa sobre los claros y la utilización de sistemas de orden, con base en trazos reguladores que organizan a la perfección los elementos visuales.

El edificio ejerce intencionalmente una serie de contrastes fuertes con el contexto, tanto en términos cromáticos como en términos del propio diseño del edificio. El arquitecto se plantea por medio del discurso, que es un edificio que trata de rescatar una forma de concebir la arquitectura tradicional. Legorreta insiste constantemente en que la arquitectura que él produce, procede de una reflexión profunda de la cultura mexicana, que su obra

93

Adolfo Benito Narváez Tijerina

trata de adaptarse al sitio en el que se halla y a su cultura, que su labor consiste en hacer una arquitectura que sea consciente de los valores de la tierra en la que finalmente ha de morar. Lejos del discurso del arquitecto, parece tratarse de un edificio de elementos preconcebidos que son llevados a un sitio y utilizados sin considerar las condiciones que lo rodean.

Cuando estaba tomando las fotos del inmueble y caminando por sus alrededores, se me acercó una norteamericana que me comentó que este era uno de lo edificios más bonitos de San Antonio -probablemente el mejor edificio de San Antonio- y que curiosamente lo había diseñado un arquitecto mexicano. Este hecho llamó poderosamente mi atención y tomé nota de la importancia del inmueble como un centro comunitario que atrae a la gente de muchas localidades de la ciudad. Pienso que la opinión de la gente sugiere que a pesar de que el edificio no tiene relación con el entorno, es un inmueble que se considera positivo. Esto quiere decir que desde el punto de vista de los habitantes y de su municipalidad no hay una necesidad de que el edificio tenga forzosamente un diálogo abierto con el entorno.

Si, por ejemplo, una persona en la ciudad de Taxco, Guerrero en México, hiciera una obra de cristal y acero frente a Santa Prisca probablemente sería criticada habría, quizá, una junta de vecinos que se opondría a este proyecto. Pero esto no sucede en esta clase de edificios y en esta clase de contextos; de hecho el que la ciudad de San Antonio haya acudido a Legorreta para diseñar un edificio tan importante y con tan notorio contraste con su entorno inmediato, desde mi punto de vista, significa dos cosas; la primera es la necesidad de que la población hispana tenga presencia como minoría étnica. El edificio surge en medio de una coyuntura política de apoyo a las poblaciones mexicanas del sur de los Estados Unidos y puede explicar además el proyecto de la plaza de Los Ángeles del mismo arquitecto o los edificios corporativos para la Texas Instruments, se trata de que esta minoría tenga presencia en la comunidad mediante un edificio que les identifique (aunque sea como una curiosidad folclórica).

Por otro lado, el edificio explota la posibilidad que tiene una administración municipal de adquirir para la ciudad una *obra de firma*. Esta consideración es interesante, pues nos dice una cosa fundamental de la arquitectura académica: procede utilizando medios similares a los de la pintura o la escultura, es decir, es un arte que se va haciendo cada vez *más autónomo* con respecto al contexto, que tiene unos medios igualmente autónomos con respecto a su entorno. En efecto, se trata a la obra como una adquisición museística. Si un museo puede darse el lujo de colgar un "Picasso" en su colección permanente, por qué una ciudad no puede darse el lujo de poner un "Legorreta". Esta relación que estoy sugiriendo entre la pintura y la arquitectura no se ve forzada si se le lleva a este contexto. La arquitectura así se convierte en un objeto prácticamente de museo, en un objeto coleccionable; así la administración municipal puede presumir que tiene un Legorreta en el patio de atrás y el «almacenarlo» es parte del prestigio de la ciudad.

A pesar de ello, es difícil de imaginar esto, pues un edificio es un bien inmueble, no como una pintura que es un bien que se puede trasladar de un lugar a otro. La Enchilada es un edificio que está construido con medios que son muy tradicionales, es un edificio de concreto con mampostería con elementos que son, por fuerza de la materialidad del inmueble, fijos. Sin embargo, poco a poco la arquitectura va adquiriendo una capacidad de mudarse, poco a poco va construyéndose de piezas armables que pueden montarse catalogarse y volverse a montar. Poco a poco la arquitectura se va vaciando de su contenido contextual. En este caso, la arquitectura académica tiende a convertirse en un objeto coleccionable ¿esto es justo para la arquitectura? vale la pena cuestionárselo. Por el momento lo que creo que es justo plantear es que la expresión artística de la arquitectura académica no puede tratársele de otra manera, lo que quiero decir con esto es que una buena forma analizar la arquitectura académica es con los medios de análisis de cualquier arte como la pintura o la escultura.

En una representación del lugar de vida de un niño del barrio del Realito en Monterrey hay una forma especial de representación para todos los elementos del ambiente que hace un evidente contrapunto a esta forma de ver la relación del inmueble y su contexto. Una de las cosas más interesantes de este dibujo es que incluso el interior de la vivienda se ve. Hay una puerta que es pequeñísima frente a las ventanas y hay un niño que está viendo la televisión hay una calle y un campo de fútbol que señala un marcador como si se tratara de un juego de adultos; pero hay unos niños jugando en la calle: uno está tirando un gol a otro que está tapando la portería. Es interesante esto porque cuando les preguntamos a estos niños sobre cómo jugaban fútbol, ellos decían que no podían jugar en la cancha de los grandes, pues les agredían y los corrían a gritos del lugar; ellos juegan en la calle, se trata de una representación de la vida de los niños, no tanto la recta representación de la geometría del lugar, sino la representación de su vida en el lugar.

Esto también nos dice otra cosa sobre los valores que giran en torno a las representaciones de una y otra formas de hacer la arquitectura y es que la recta representación de la geometría no es tan importante, es digamos especialmente importante cuando se trata de situar las funciones de la vida en el espacio, por ejemplo en este caso, se ubica una calle que es la mediadora del campo de fútbol y la calle que es el campo de fútbol de los niños.

No es exactamente la dimensión de la casa y la dimensión de la cancha de fútbol es lo importante en la representación; lo que se está tratando de representar es un modo de vida y su significado desde la perspectiva de quien mira el mundo. Ello nos puede llevar a suponer que para la arquitectura popular los aspectos dimensionales, los aspectos modulares, los aspectos incluso de escala, no son tan importantes como la ubicación de los ámbitos de vida y la utilización de símbolos en la construcción real de ciertos elementos.

Hay una cosa que me sorprende de la arquitectura popular; cuando vemos el dibujo de los niños jugando fútbol en la calle nos damos cuenta de que la situación relativa de los objetos en el espacio es muy importante. La contextualización de los elementos es fundamental en este modo de imaginar al mundo. Frente a la actitud analítica de la arquitectura académica donde se trata de separar los elementos lo más posible para comprenderlos, existe otra visión que trata de comprender toda la realidad sintéticamente para poder operar en ella.

Esta estrategia luego toma forma en una retórica muy particular de la arquitectura popular. El atrio de la iglesia en Yolotepec, Hidalgo en México, se cierra por medio de los mismos elementos que la iglesia de Tlacochaguaya en Oaxaca, México, del siglo XVI. En la iglesia del pequeño poblado de Hidalgo, uno puede ver en los elementos de la tapia que rodean al atrio cierta similaridad, cierto parentesco en la configuración de su cuerpo, y sin embargo, este elemento no es exactamente el elemento de la iglesia de San Jerónimo de Tlacocheguaya. Son ciertamente la representación de algo, más profundo que la geometría. Si uno ve la iglesia en Yolotepec uno liga fácilmente esta imagen a la arquitectura Morisca; uno puede leer aquí la arquitectura del África Sahariana en la actualidad.

Hay cierta similitud entre estos elementos en ambas iglesias, sin embargo no se trata de la representación recta del elemento como lo ejercería la arquitectura académica que tiene cualidades dimensionales que son muy estables que se repiten en otros edificios. En el caso de Yolotepec y Tlacochaguaya no existe esta necesidad, el elemento en sí ha sido reducido a su componente fundamental y es reproducido respetando solamente su localización funcional y su relación con respecto al resto de los elementos que cierran el espacio sagrado. Huelga decir que entre ambos atrios existe un espacio de tiempo de al menos cuatrocientos años.

Consideraciones para una lectura crítica de la arquitectura académica y de la arquitectura popular

Una conclusión de las observaciones precedentes apunta a considerar que la representación de la arquitectura juega un papel importante para la lectura del resultado material que ésta expresa o planifica. Una lectura atenta de los documentos nos puede conducir por dos caminos, el de apoyar las observaciones que nos conduzcan a entender el modo de vida de los habitantes y a entender los procesos imaginativos que han llevado al artífice a esa particular solución espacial.

Otra consideración que surge naturalmente de estas observaciones apunta hacia los medios de la crítica, y es que se hace patente que no pueden utilizarse los instrumentos conceptuales de análisis de la arquitectura popular para leer a la arquitectura académica, y lo mismo en el sentido inverso. Pese a que en los discursos de los arquitectos pretendan encerrar en los marcos de valores en los que los especialistas encuadran normalmente a la arquitectura popular a su propia producción -valor contextual de la obra, adaptabilidad, vitalidad, versatilidad de uso, significación en el contexto de la cultura local, etc. Ello resulta artificial, pues los recursos, fines e instrumentos de su labor han evolucionado a partir de una larga tradición que precisamente se ha caracterizado por su abandono a la vitalidad y adaptación con el derredor y con la cultura de los moradores que ha caracterizado tradicionalmente a la arquitectura espontánea o popular. Hacer un análisis de la arquitectura popular que surja de la necesidad de formar catálogos de elementos plásticos o análisis geométricos del trazado, puede resultar artificial, toda vez que los constructores de esta arquitectura han recorrido otros derroteros, que les han llevado a maneras de imaginar que están más conectadas con la idea de totalidad que con las partes diferenciadas.

Un buen punto de partida para la lectura de la arquitectura popular habría de ser precisamente de lo que anima su vitalidad y construye su intrincada relación con el mundo; que anima sus muros cada día como el sol que alimenta a los árboles y a las rocas: me refiero concretamente a la gente.

Nota
1. Este texto surge de la consulta e interpretación de diversas fuentes bibliográficas que se retoman como bases fundamentales para elaborar el argumento y propuesta teórica de este ensayo y, aunque no se citen textualmente, se reconocen como referentes.

Bibliografía

Bachelard, Gastón, "La poética del espacio", México: FCE, 1965.

Ekambi-Schmidt, Jesabelle, "La percepción del hábitat", Barcelona: Gustavo Gili, 1974.

Frampton, Kenneth, "Historia crítica de la arquitectura moderna", Barcelona: Gustavo Gili, 1994.

Heidegger, Martin, "El ser y el tiempo", México: FCE, 1951

Muntañola, Josep, "Arquitectura como lugar", Barcelona: Gustavo Gili, 1974.

_____, "Prólogo de Arquitectura fenómeno de transición De Giedion, Sigfried", Barcelona: Gustavo Gili, 1978.

_____, "Didáctica medioambiental. Fundamentos y posibilidades", Barcelona: Oikos-Tau, 1980.

_____, "Comprender la arquitectura", Barcelona: Teide, 1985.

Narváez T. Adolfo Benito, "Consideraciones para una teoría de la arquitectura que se apoye en una didáctica medioambiental, compilación de ponencias segundo seminario nacional de teoría de la arquitectura", México: UNAM, UAM, IPN, 1997.

_____, "La organización del espacio público e individual: una didáctica y teoría del diseño participativo en arquitectura", México: UNAM, 1997.

_____, "Creando un nuevo mundo: diseño participativo y didáctica medioambiental 1", Monterrey: UANL, 1998.

_____, "La participación de la gente en la construcción de la ciudad, las leyes y la educación", Monterrey: UANL, 1999.

_____, "Crónicas de los viajeros de la ciudad. Diseño Participativo y Didáctica Medioambiental III", Argentina: Idearium, 2000.

Ríos Garza, Carlos, "En defensa de la profesión del arquitecto. compilación de ponencias segundo seminario nacional de teoría de la arquitectura", México: UNAM, UAM, IPN, 1997.

Tiercelet, Gilles; Charles Etienne Briseux; Charles Antoine Jombert; Claude Jombert; Jean Courtonne, "Architecture moderne: ou, l'art de bien batir pour toutes sortes de personnes", Paris: Claude Jombert, 1728.

99

Una letra del laberinto

EDUARDO PÉREZ GONZÁLEZ

El laberinto es una de las figuras más ricas y enigmáticas de nuestra cultura. El origen del laberinto es totalmente mítico y muchos han sido los maravillados por estos espacios. El primer laberinto de la historia se lo debemos al que se encuentra en Creta, sólo existe impreso en una piedra de la isla, lo que sabemos de él es gracias a la mitología griega. Dédalo lo construyó para encerrar al Minotauro en él. Teseo entró al laberinto para matar al Minotauro ayudado por Ariadna, quien lo guió con un hilo para permitirle encontrar el camino de regreso.

En la literatura y la pintura se pueden encontrar frecuentemente obras alusivas a estos espacios. Picasso, por ejemplo, se inspiró en este mito para una de sus series de grabados, Borges escribió varios cuentos tomando como referencia el tema del laberinto de Creta, y no olvidemos la obra de Octavio Paz. El laberinto es un mito para ser interpretado y su significado va mas allá de la simple forma, es un espacio imaginario, mental, es un concepto, una imagen, una forma espacial, y en su forma, un espacio arquitectónico.

El laberinto

Si nos enfrentamos a un laberinto real, es decir a una construcción, esta es, como primera impresión un muro, puesto que el laberinto no puede ser contemplado en su totalidad desde su base; lo que hace a un laberinto es el muro que delimita lo externo de lo interno.

Un laberinto invita a estar dentro, el laberinto no es tal si se está afuera; la acción se da dentro, el laberinto invita a la acción, a su recorrido, un recorrido que implica un transcurso de tiempo y espacio, y por lo tanto, implica también una narrativa. Si pensamos en un laberinto no pensamos sólo en un muro, pensamos en una especie de serpiente, en un jardín o en un dibujo de espirales con una entrada y una salida, lo prefiguramos visto a vuelo de pájaro, lo cual significa que siempre pensamos en un laberinto desde afuera y desde arriba; y esto es natural si queremos resolver el secreto del mismo, puesto que la mejor posición para hacerlo es a través de la contemplación del todo, y no sólo de sus partes.

Un trazo marcado en el laberinto parece indicarnos el camino a seguir e invitarnos u obligarnos a su recorrido, lo que lo convierte en un espacio narrativo, en una secuencia. Para el arquitecto Rem Koolhaas, la arquitectura es un espacio negativo, en éste suceden las cosas, la vida transcurre en sus ausencias, en ellas se espera que algo suceda; el espacio no construido significa y da valor a lo arquitectónico.

Dos laberintos

Podemos encontrar una diferencia muy significativa entre el laberinto de Creta y el medieval, el segundo consiste en jardines creados para el divertimento (el inglés tienen una palabra diferente para éstos: *maze*), a los cuales se entraba tratando de encontrar la salida lo más pronto posible; la intención era confundir al visitante y hacerle perder el camino, provocando una desorientación en el espacio; quien recorre el laberinto sigue un camino correcto o incorrecto puesto que existe un camino bueno y otro malo. La idea es encontrar la salida lo más pronto posible, optimizar el recorrido. Mientras más rápido, mejor; eso es efectividad. La efectividad u optimización del recorrido sería una línea recta. ¿No es ésta también la forma de pensar de la cultura moderna, donde la idea del progreso está marcada por la efectividad de las líneas rectas que, llevando al extremo, mueve nuestras sociedades y nos hace que la vida tenga sentido?

El laberinto de Creta, por su parte, nos hace recorrer todo el espacio para llegar al centro, solamente hay una puerta de salida, la misma por la que se accede; el centro al cual debemos llegar, nos ubica y nos hace cambiar de sentido. Hay un solo camino, ¿dónde está la confusión que creíamos, pertenecía como característica intrínseca al laberinto? Estamos frente a un enigma nuevamente, el del laberinto. Este otro laberinto es más metafórico; no nos podemos perder en un camino que va hacia un solo lugar con una sola opción para decidir, adelante o atrás, adentro o afuera, a menos que no sepamos si caminamos hacia el centro o nos alejamos de él. Esta vez parece tener mayor sentido el laberinto. ¿En dónde está el bien y dónde el mal? No se trata entonces tan solo de encontrar la entrada o la salida sino de preguntarnos por qué nos dirigimos hacia dentro o hacia fuera. Esta parece, entonces, una figura más reflexiva que en el caso del laberinto contemporáneo.

El concepto

El placer de un laberinto -parafraseando a Roland Barthes- está en el recorrido que hacemos de él. El laberinto no es solamente el centro sino el todo, los muros lo conforman, delimitan su forma, pero el espacio que tiene sentido para nosotros es el espacio que podemos recorrer, es el espacio negativo, ¿no es este mismo el espacio que interesa a la arquitectura?

La imagen de la rosa para los cabalistas era tan importante por la metáfora que de ella se hacía como el mismo proceso del conocimiento. No se conoce a la rosa deshojando sus pétalos, porque la rosa no es la suma de sus partes ni el centro de ella, para saber lo que ella es, se debe comprender que es un todo, solo así se le conoce. El laberinto es como la misma rosa, no se tiene el laberinto estando en él, el laberinto se conoce desde fuera, pero es necesario recorrerlo, el laberinto es un todo.

Desde que empezamos a ver que el laberinto puede también representar un concepto más abstracto que la forma misma, también podemos verlo como la representación de una forma de pensar. Si no vamos por el camino efectivo, y observamos que ni si quiera el progreso está marcado por la línea recta, podemos creer en la circularidad de los procesos biológicos o también filosóficos y construir otra realidad alterna a esta que vivimos. Es probable que nuestra incapacidad por entender otras culturas se deba, en principio, a esta sencilla diferencia entre un laberinto y otro, o aclarando, a la concepción de una metáfora u otra.

La ciudad como laberinto

"...Pero la ciudad no dice su pasado, lo contiene como las líneas de la mano, escrito en los ángulos de las calles, en las rejas de las ventanas, en los pasamanos de las

Eduardo Pérez González

escaleras, en las antenas de los pararrayos, en las astas
de las banderas, surcado a su vez cada segmento por
raspaduras, muescas, incisiones, pararrayos".
(Italo Calvino, 1991 [1])

A las construcciones mentales occidentales se oponen las filosofías del *underground*, que no son otra cosa que diferentes concepciones del mundo. En nuestras sociedades subsisten las corrientes subterráneas de pensamiento en las que la arquitectura se suministra para sus espacios. El laberinto es una forma que interpretamos, podemos también decir que es la forma que nos dice: Interpreta que el mundo esta hecho para ello. Y si eres terco, entiéndelo.

Siendo la arquitectura una actividad humana, es también una actividad artificial, por ello ésta repercute sobre el medio "...cada visión arquitectónica implica una ola de violencia (...) el potencial de delincuencia se presenta en cada arquitecto...". [2] El acto arquitectónico implica destrucción puesto que una edificación se sobrepone a otra ya existente o a la misma naturaleza. Por otra parte, la edificación es un acto de continuidad cultural, la ciudad representa la cultura de su sociedad, es la forma en cómo esta se comunica con su gente, es su lenguaje; la cuidad es también un laberinto, es ese espacio negativo que vemos a vuelo de pájaro, pero que esta allí abajo, estando en ella no vemos más que sus muros y sabemos que está porque en ella habitamos, pero para entenderla la visualizamos desde arriba. La ciudad no son los edificios de la plaza mayor, la ciudad es cada plaza, cada calle, cada jardín que la conforma.

Nuestras ciudades tienen características de ambos laberintos, podemos tomar el camino eficaz para llegar lo más pronto posible a una cita o mejor el largo si queremos conocerla. La ciudad guarda sus espacios laberínticos para nuestro placer, nuestra confusión o para las más profundas reflexiones desde su centro.

La palabra como laberinto
La religión judía ha basado, en gran medida, el secreto de su fe en el análisis de su libro sagrado: La Torah. Lo que nos interesa de sus reflexiones es que para ellos la escritura es el espacio del laberinto;

el laberinto es una práctica hermenéutica que lleva al conocimiento y, en el sentido místico, a la aproximación a Dios, puesto que él se expresó mediante la palabra por las diez emanaciones divinas (sefirot), pronunciadas a través de las veintidós letras del alfabeto hebreo, las respuestas, por lo tanto, habrían de encontrarse en los textos. El texto es la representación divina, de allí que cada elemento de la escritura sea significante, ya sean éstos signos de puntuación, espacios dejados en blanco, etc.; todo lo que está escrito existe por alguna razón divina, eso es lo que el místico está destinado a descifrar. Existen cuatro niveles de interpretación que coinciden con los de la exegética medieval cristiana, que son: el literal, el alegórico, el ético o moral y el místico.

Para los estudiosos no se puede llegar al nivel profundo del texto (entenderlo), sin antes pasar por el nivel literal o superficial, por llamarlo de otra forma. La interpretación implica un recorrido, el viaje hacia el centro del laberinto; aquél que puede recorrer al laberinto y regresar del mismo, es quien lo ha entendido y descifrado.

Las reglas de interpretación de las que se servían los cabalistas, eran principalmente tres: la *gematría*, que consiste en asignar valores numéricos a las palabras que a su vez representaban valores religiosos; la *gematría* era una forma de interpretación muy rigurosa y especializada. Otra más era la *temurah*, que consiste en el intercambio de letras de las palabras con las cuales se encuentran significados diferentes en el texto por intercambio semántico.

Una tercera técnica de interpretación era la del acróstico o *notarikon* que se refiere a la interpretación de las letras de una palabra como abreviaturas de palabras o frases. La composición de los acrósticos puede ser de diversas maneras, generalmente se usa tomando la primera letra de una palabra, y así con cada una de las palabras para que, finalmente, las palabras se lean hacia abajo. Se usaba también utilizando ciertas disposiciones dentro de cada palabra para formar unas palabras con otras.

La interpretación para los cabalistas es también un acto creativo, puesto que el interpretar el texto, es crearlo, reproducirlo y decodificarlo; este podría ser nuestro hilo de Ariadna que nos ayude a evitar el perdernos dentro de la construcción mental o real del espacio.

Viendo al laberinto como una gran figura de conocimiento, encontramos que cada actividad que implique conocimiento, implica también un laberinto. El espacio de la arquitectura es un laberinto construido por todos y cada uno de los edificios construidos, el arquitecto que quiere conocer su profesión, emprende el camino hacia la tierra prometida, se adentra en el laberinto; así como Dédalo construyó un micro universo significante, el arquitecto crea laberintos de sentido para los que cada elemento es enunciado de su propio secreto.

Para cada uno, el laberinto puede presentarse en diversas figuras; representará algo subjetivo o algo concreto, pero el laberinto es sobre todo, un espacio imaginario, abierto a la interpretación, pero cerrado en su secreto.

Notas
1. Calvino, Italo, "Las Ciudades Invisibles", México: Minotauro, 1991.
2. Van Berkel, Ben & Boss Caroline, "Delinquent Visionaries", Segunda Edición Róterdam: Ediciones 010 Publishers, 1994.

Bibliografía
Calvino, Italo, "Las Ciudades Invisibles", México: Minotauro, 1991.
Van Berkel, Ben & Boss Caroline, "Delinquent Visionaries", Segunda Edición, Róterdam: Ediciones. 010 Publishers, 1994.

Florencia, Parma, Combray, Balbec...
Ciudades de la imaginación en el mundo de: *En busca del tiempo perdido*

LUZ AURORA PIMENTEL ANDUIZA

El lunático, el enamorado y el poeta no son más que un pedazo de
imaginación. (…) El ojo del poeta, girando en medio de su arrobamiento,
pasea sus miradas del cielo a la tierra y de la tierra al cielo; y como la
imaginación produce formas de cosas desconocidas, la pluma del poeta
las diseña y da nombre y habitación a cosas etéreas que no son nada.
William Shakespeare, *Sueño de una noche de verano*, S. XVI.

En el mundo de ficción de *En busca del tiempo perdido*, de Marcel Proust, ciertos lugares imaginarios, como Balbec o Combray, han sido sometidos a escrutinios referenciales para encontrar lugares equivalentes en Francia. Estas curiosas actividades académicas indican, de manera tangencial, hasta qué punto la construcción de una ciudad en la ficción parece respetar, de todos modos, ciertas configuraciones urbanas que permiten al lector tender un puente —sobre los pilotes de una ilusión de realidad verbalmente forjados— entre una ciudad real y una imaginaria.

Tal es el caso de Combray, ciudad imaginaria que, sin embargo, se propone en el mismo nivel de realidad que otras que sí tienen un referente en los mapas del mundo, París o Venecia, por ejemplo. Combray sería entonces una ciudad imaginaria en primer grado. Pero hay otras ciudades en este mundo de ficción que son doblemente imaginarias, como Balbec. De hecho, incluso Parma o Florencia —independientemente de su estatuto referencial como ciudades "reales"— son espacios que se construyen en el ensueño, a partir de materiales puramente subjetivos, generados en aquella dimensión que por ser de su misma sustancia está más próxima a la imaginación: el lenguaje. Por ello, los cimientos de estas construcciones imaginarias habremos de encontrarlos en el nombre, el armazón en el deseo. A partir de una materialidad sonora y de una constelación de intertextos en cuyo centro se ubica el nombre, Marcel Proust construye estas ciudades de la imaginación, para luego confrontarlas con sus correlatos supuestamente reales. Aunque en el caso de Balbec semejante acto de confrontación se torna en una maravillosa paradoja, pues el Balbec "real", en las costas de Normandía, esa playa que ocupa un lugar concreto en el universo ficcional de *En busca del tiempo perdido* y existe en un primer nivel de realidad, no es sin embargo más real que el Balbec imaginario que construye Marcel-personaje-narrador, ya que ninguno de los dos —a diferencia de París, Florencia, Parma o Venecia— existe en los mapas del mundo extratextual. De ahí que Balbec pudiera ser considerada como una ciudad imaginaria en segundo grado [1].

En este trabajo intentaré examinar las motivaciones y la materialidad misma de los bloques de construcción verbal de estas ciudades imaginarias, tanto las de primer grado (Combray) como las de segundo grado (Balbec). Asimismo, trataré de dar cuenta de las estrategias descriptivo-narrativas, retóricas, inter e intratextuales de las que echa mano Proust para proyectar estos espacios imaginarios.

Pensemos que nombrar es conjurar, que, como diría Shakespeare, la nada hecha de aire cobra forma y se convierte en un lugar concreto al ser nombrada por el poeta. De todos los elementos lingüísticos que se reúnen para crear una ilusión de realidad, el nombre propio es quizá el de más alto valor referencial. Para algunos teóricos del lenguaje, el nombre propio tiene sólo valor referencial, único e individual. Desde esa perspectiva, el nombre propio tiene un referente pero no un sentido o, como lo dice J. S. Mill, "una denotación pero no una connotación" [2] Dar a una entidad *diegética* [3] el mismo nombre que ya ostenta un lugar en el mundo real implicaría entonces remitir al lector, sin ninguna otra mediación, en apariencia, a ese espacio designado y no a otro. Decir *París*, declinar en lista los nombres de sus calles, de sus edificios y monumentos, es producir en el lector una imagen visual de la ciudad, un movimiento icónico-semántico que desemboca en un reconocimiento. No obstante, ¿en qué consiste este fenómeno de significación de orden sensorial del que, en parte, es responsable el nombre propio?

Por experiencia, y a despecho de las observaciones de los estudiosos de la lingüística y de la semántica, el nombre de una ciudad, como el de una persona —o el de un personaje [4], en el caso de la ficción— es un centro de imantación semántica en el que convergen toda clase de significaciones arbitrariamente atribuidas al objeto nombrado, de sus partes y semas constitutivos, y de otros objetos e imágenes visuales metonímicamente asociados al nombre. De este modo, la noción "ciudad de París", en tanto que objeto visual y visualizable, ha sido instaurada ya por otros discursos, desde el cartográfico y fotográfico, hasta el literario que ha producido una infinidad de descripciones detalladas de la ciudad. Es a este complejo discursivo al que remite el nombre de una ciudad en un texto de ficción: el lector "visualiza" la ciudad visitada, la fotografía vista, el mapa consultado, las descripciones anteriormente leídas, o, en el peor de los casos, la imagen que tenga de cualquier ciudad. La ciudad se convierte en lo que Greimas ha llamado un *referente global imaginario*.

"Evidentemente, ese referente global se consolida gracias a transposiciones metasemióticas de todo tipo: mapas de la ciudad, tarjetas postales (...) sin contar con los innumerables discursos que se han pronunciado sobre la ciudad (...) [ese referente global] sirve de pretexto a las elaboraciones secundarias más variadas que se manifiestan bajo la forma de diversas mitologías urbanas (París Ciudad-Luz): toda una arquitectura de significaciones se erige así sobre el espacio urbano, determinando en buena medida su aceptación o su rechazo, la felicidad y la belleza de la vida urbana o su insoportable miseria". Greimas, 1979.[5]

Así pues, si bien es cierto que, en un primer momento, la ciudad ficcional que remite a otra en la realidad no exige una *comprensión* por parte del lector sino una *identificación*, un *reconocimiento*, ya que "el nombre propio es indefinible, sólo caracterizable (...) no es una "descripción que identifica" sino una "identificación sin descripción" [6], aun así, la dimensión descriptiva sigue estando virtualmente en el nombre. Aunque decir *París* no sea describir la ciudad sino remitir a una realidad, pues de entrada *París* es una entidad llena, no obstante, esta plenitud del nombre propio no se debe únicamente al papel de *identificación* que éste cumple, sino también al hecho de que imanta una constelación de significados culturalmente atribuidos a la ciudad, de tal manera que, por ese fenómeno de imantación semántica, el nombre adquiere una constelación de significados, por lo cual bien podría decirse que el nombre propio sí tiene sentido, aun cuando sea de manera aferente.

Síntesis de sus partes constitutivas y del cúmulo de significaciones que se le han ido adhiriendo al correr de los tiempos, París es, como diría Roland Barthes al hablar del nombre propio, "un signo voluminoso, eternamente henchido de un frondoso sentido" [7]. Pero esta plenitud y estabilidad implican un cierto grado de previsibilidad y de redundancia léxicas: sólo las calles, monumentos, o edificios que pertenezcan a la ciudad real podrán formar parte de la descripción de su homónimo en el texto de ficción, y sólo la presencia repetida de esas mismas partes dará cuerpo al espacio diegético construido por la descripción. De tal suerte que, por su solo valor referencial, basta con nombrar una ciudad para construir un espacio de ficción que se llena con los valores culturales del espacio referido, es decir, de todo el complejo de significación ya inscrito en el "texto" cultural.

Pero ¿qué sucede con aquellos espacios diegéticos construidos sin referente extratextual, cuyos nombres no remiten a ninguna entidad real —¿el Combray y el Balbec de Proust, o el Macondo de García Márquez? Se trata evidentemente de un fenómeno de *autorreferencialidad* que activaría plenamente ese potencial en todo universo de discurso. Pero de manera muy particular podríamos señalar, como fundamentales en este fenómeno de autorreferencialidad, tanto las propiedades del nombre común como las del nombre propio. A pesar de no tener un referente, estas ciudades de ficción aún se reconocen como entidades urbanas porque comparten con las de la realidad extratextual los mismos componentes/nombres: "calles", "casas", "edificios", "monumentos", "parques", "tiendas", etc. Así, con los nombres propios y comunes como charnela que articula las dos dimensiones, esta adecuación entre lo lingüístico y lo cultural en gran medida genera un efecto de realidad incluso en descripciones de ciudades que no tienen un referente extratextual.

"Combray de lejos, en diez leguas a la redonda, visto desde el tren cuando llegábamos la semana anterior a Pascua, no era más que una iglesia que resumía la ciudad, la representaba y hablaba de ella y por ella a las lejanías, y que ya vista más de cerca mantenía bien apretados, al abrigo de su gran manto sombrío, en medio del campo y contra los vientos, como una pastora a sus ovejas, los lomos lanosos y grises de las casas, ceñidas acá y acullá por un lienzo de muralla medieval que trazaba un rasgo perfectamente curvo como en una menuda ciudad de un cuadro primitivo.

Para vivir, Combray era un poco triste, triste como sus calles, cuyas casas, construidas con piedra negruzca del país, con unos escalones a la entrada y con tejados acabados en punta, que con sus aleros hacían gran sombra, eran tan oscuras que en cuanto el día empezaba a declinar era menester subir los visillos; calles con graves nombres de santos (algunos de ellos se referían a la historia de los primeros señores de Combray), calle de Saint-Hilaire, calle de Saint-Jaques, donde estaba la casa de mi tía; calle de Sainte-Hildegarde, con la que lindaba la verja; calle de Saint-Esprit, a la que daba la puertecita lateral del jardín..." [8].

Lo interesante es que, aunque Combray como tal no exista en la realidad topográfica de Francia, su constitución diegética no es sino el desarrollo del tema descriptivo "ciudad", con un alto grado de previsibilidad léxica, debido al sistema de contigüidades obligadas inherente a la noción misma de ciudad. Más aún, en el mundo de *En busca del tiempo perdido* no hay diferencia alguna entre el estatuto *diegético* de Combray y el de París: ambos espacios se presentan como el nivel de "realidad" del relato, ambos son espacios urbanos descritos en términos de "calles", "jardines", "iglesias", "panaderías", etc. En ese mundo, tan fuerte es la ilusión de realidad en la ciudad "ficticia" de Combray como en la "reconstrucción" de París, y a tantos peregrinajes ha dado pie la una como la otra (porque igualmente intensa es en el lector la necesidad de un referente real que dé cuerpo a esa ilusión).

De ahí que "Combray", el relato, haya sido punto de partida de innumerables "exégesis referenciales" (por llamar de alguna manera a este tipo de actividad académica), cuyo resultado final ha sido la imposición autoritaria de un solo referente extratextual (Combray = Illiers, aunque también, para algunos, Auteuil compite por el mismo puesto). Aún más fascinante es el hecho de que la ficción haya engendrado la realidad; hoy en día Combray existe ahí donde los biógrafos y los críticos vieron el supuesto modelo original de la ciudad imaginada: Illiers-Combray, ciudad que existe en los itinerarios de los trenes de Francia; Illiers-Combray, Meca de todo lector apasionado de Proust, de todo lector ingenuo que aún no aprende la lección proustiana del sinsentido del referente. A los mismos trabajos de excavación biográfico-arqueológica se ha sometido Balbec, con referentes exhumados en distintos puntos de la costa normanda.

A pesar de la semejanza en el estatuto diegético del Combray y del París proustianos, el espacio sin referente revela un aspecto capital de la producción textual, mismo que permanece oculto cuando la ciudad ficcional ostenta el mismo nombre de una entidad geográfica. Y es que, como hemos venido insistiendo, el nombre de una ciudad real es una entidad plena, plenitud que, por un lado, el relato despliega, y por otro el trabajo textual incrementa. De tal suerte que bien podría figurarse este proceso como un progresivo vaciado de la figura plena para ser luego colmada con los nuevos valores que le va confiriendo el relato [9]. En cambio, el nombre *Combray* es, en un primer momento, una entidad vacía que sólo se llena en la sucesividad textual para finalmente acceder a su identidad, que como toda identidad es un proceso temporal, pues, como diría Proust, "uno no se realiza más que de manera sucesiva". [10] El proceso de semantización gradual del nombre es evidente; al nombrar y describir, una y otra vez, las calles, la iglesia y las casas, siempre en referencia al mismo nombre, surge un espacio diegético único.

Combray, nombre inicialmente hueco, se convierte en un campo de imantación y de resonancia de todo un mundo, taza de té vacía que se llena con todas aquellas significaciones y formas que la han instituido en espacio diegético. En Proust, la experiencia de la Magdalena y la descripción inicial de Combray son una especie de *onomatopeya narrativa* [11] de ese fenómeno de producción textual que es la proyección de un espacio diegético: en verdad Combray brota, como un surtidor, de la taza plena de su propio nombre, pero también, y al mismo tiempo, como en la analogía de los juegos japoneses, Combray es el espacio neutro y hueco en el que se sumergen "pedacitos de papel, al parecer informes, que en cuanto se mojan empiezan a estirarse, a tomar forma, a colorearse y a distinguirse, convirtiéndose en flores, en casas, en personajes consistentes y reconocibles" [12].

Así, pues, en tanto que nombre vacío, Combray se convierte también en un campo de imantación de formas y significaciones. Mas este lugar de convergencia no es sólo espacial sino temporal, ya que la plenitud del nombre se da en el tiempo; el nombre vacío no se llena con una sola descripción, sino gradualmente, conforme progresa el relato. Como bien lo ha observado Barthes, el nombre propio tiene "el poder de exploración (puesto que uno 'despliega' un nombre propio justo como lo hace con un recuerdo): el nombre propio es en cierta manera la forma lingüística de la reminiscencia" [13] En efecto, la plenitud del *nombre* de la ciudad, Combray, es la totalidad del *relato* de "Combray": nombrar también es narrar. Pero en el universo de *En busca del tiempo perdido* hay otros espacios, doblemente imaginarios por ser producto tanto de la ficción como de la ensoñación y del deseo.

"Hay nombres de ciudades que sirven para designar, en abreviatura, su iglesia principal: Vezelay y Chartres, Bourges o Beauvais. Esta acepción parcial en que a menudo tomamos el nombre de la urbe acaba —cuando se trata de lugares aún desconocidos— por esculpir el nombre entero; y desde ese instante, siempre que queremos introducir en el nombre la idea de la ciudad que aún no hemos visto, él le impone como un molde las mismas líneas, del mismo estilo, y la transforma en una especie de inmensa catedral." [14]

Si el nombre propio de una ciudad "real" es una entidad plena que se vacía en la distensión sintagmática del relato para llenarse de los valores del mundo de la ficción, y si el nombre propio sin referente extratextual es una entidad vacía que se llena en el proceso mismo de la construcción del texto narrativo, la proyección de una ciudad imaginaria, en cambio, en ausencia de estos puntos de anclaje referencial se inicia con la anulación de los valores semánticos previamente constituidos y por la sustitución de valores y formas de organización diferentes cuyo punto de partida es doble: por un lado la subjetividad misma del narrador, por otro, la referencia a otros discursos. Tal es el caso de las ciudades de Parma y de Florencia que imagina, sin haberlas visto nunca, el joven Marcel. Aunque habría que hacer notar que en este proceso de construcción doblemente imaginaria hay todavía algo en común entre la ciudad "real" de Combray que imagina Marcel Proust y las ciudades en la imaginación de Marcel-personaje-narrador; ese puente entre las dos es el procedimiento retórico de la sinécdoque: la iglesia-catedral como principio generador y unificador del espacio.

Así como la iglesia de Combray resume la ciudad y habla por ella, la catedral de cada una de las otras ciudades imaginadas esculpe tanto el nombre como las formas urbanas a su imagen y semejanza. Chartres, Florencia, son nombres que deberían estar llenos de la realidad de su referente; sin embargo, en esta construcción imaginaria, el movimiento referencial hacia el mundo extratextual ha sido revertido por la imaginación que (re)(des) construye esa ciudad *real* a partir de coordenadas y contenidos puramente subjetivos. Porque ese nombre propio, que como cincel esculpe las formas de la ciudad, está a su vez animado por el deseo del sujeto. Pero veamos más de cerca los componentes pasionales de estas hermosas entidades urbanas.

"Pero lo que los nombres nos presentan de las personas —y de las ciudades que nos habituamos a considerar individuales y únicas como personas— es una imagen confusa que extrae de ellos, de su sonoridad brillante o sombría, el color del que está pintada uniformemente, como uno de esos carteles enteramente azules o rojos en los que, ya sea por capricho del decorador, o por limitaciones del procedimiento, son azules y rojos, no sólo el mar y el cielo, sino las barcas, la iglesia y las personas. El nombre de Parma, una de las ciudades donde más deseos tenía de ir, desde que había leído La Cartuja, se me aparecía compacto, liso, malva, suave [dulce], y si me hablaban de alguna casa de Parma, en la que sería recibido, ya me daba gusto verme vivir en una casa compacta, lisa, malva y suave [dulce], que no tenía relación alguna con las demás casas de Italia, porque yo me la imaginaba únicamente gracias a la ayuda de esa sílaba pesada del nombre de Parma, por donde no circula ningún aire, y que yo empapé de dulzura stendhaliana y del reflejo de violetas. Si pensaba en Florencia, veíala como una ciudad de milagrosa fragancia y semejante a una corola, porque se llamaba la ciudad de las azucenas, y su catedral, Santa María de las Flores. Por lo que hace a Balbec, era uno de esos nombres en el que se veía pintarse aún, como un viejo cacharro normando que conserva el color de la tierra con que lo hicieron, la representación de una costumbre abolida, de un derecho feudal, de un antiguo inventario, de un modo anticuado de pronunciar que formó sus heteróclitas sílabas, y que yo estaba seguro de advertir hasta en el fondista que me serviría el café con leche a mi llegada, y me llevaría a ver el desatado mar delante de la iglesia, fondista que me presentaba ya con el aspecto porfiado, solemne y medieval de un personaje de fabliau" [15].

Aquí el narrador detiene ese movimiento semántico de identificación que inicia un nombre propio, para establecer una relación materialmente motivada, a su parecer incluso *necesaria*, entre significante y significado. Para el soñador Marcel, el nombre de la ciudad en tanto que significante, oculta en su materialidad misma las formas sensoriales de la ciudad en tanto que significado; de tal modo que la proyección icónica de la ciudad imaginaria es estrictamente equivalente al significado del nombre. Son ciudades verdaderamente *cratílicas*, espacios ideológicos de la subjetividad, más que entidades urbanas observadas, conocidas o vividas.

Paradójicamente, esta relación entre significante y significado, surgida de los caprichos de la subjetividad, es también arbitraria y necesaria, pero en un sentido radicalmente diferente a la caracterización saussuriana del sistema de la lengua. Un efecto de sentido, común a todas estas entidades imaginarias, es la radical unificación y homogeneidad del espacio diegético, ya sea en términos de la *forma* (Florencia como una inmensa flor), del *color* (Parma, toda ella color violeta), o del *tiempo* (el ambiente uniformemente feudal de Balbec). Es evidente que la matriz a partir de la cual se construyen estos espacios es puramente subjetiva. Si la unidad tonal, ese "color del que está pintada uniformemente" deriva de la "sonoridad brillante o sombría" del nombre propio, a su vez el sonido y la luz también son construcciones imaginarias, mientras que el espacio proyectado se torna en una especie de "sinestesia narrativa" de la sonoridad y luminosidad del nombre.

Los valores fonéticos que Marcel atribuye a Parma, por ejemplo —"sílaba pesada", "en la que no circula el aire"— tienen más de proyección subjetiva que de precisión fonética. Más aún, el espacio construido, la Parma de su imaginación, es producto de una doble relación intertextual: con otro nombre, origen de la coloración uniforme de la ciudad imaginaria (*violetas de Parma*), y con la novela de Stendhal, *La Cartuja de Parma*. ¿Hasta qué punto —cabría preguntarse— ciertos valores *semánticos* constitutivos de este espacio imaginario, tales como "lisa" o "compacta", aunados a los valores *sonoros* del significante —"sílaba pesada"—, son los de la torre inexpugnable en la que se encuentra prisionero Fabricio del Dongo? Tales valores habría que ubicarlos, sin embargo, en un espacio de mediación entre el texto de Stendhal y la interpretación de Proust. Una pregunta semejante se podría hacer con respecto a la insistencia en la *dulzura* de esta ciudad imaginaria, ¿no vendría quizá del callado idilio entre Fabricio y Celia? Una dimensión moral y afectiva de la dulzura que se obtiene por derivación interpretativa. Así, la selección opera a partir de estas redes intertextuales e interpretativas más o menos homogéneas, en las que no tendría lugar otra contigüidad culturalmente previsible, pero exterior a la matriz subjetiva de esta construcción. Por dar un ejemplo, a través de esas redes pueden pasar las *violetas de Parma*, ¡pero definitivamente no el *queso parmesano*!

Considerando que para la construcción imaginaria de Florencia el tejido hermenéutico-intertextual es menos apretado, la derivación etimológica es más transparente: Florencia es una inmensa flor, corola que se mira en el espejo de su propio nombre y del nombre de su catedral: Santa María de las Flores. Por lo que respecta al Balbec imaginario, este espacio es producto de la interacción de tres discursos, por una parte, los discursos orales de Swann y de Legrandin, quienes le han hablado, el uno de la belleza de la catedral, el otro, del furor del mar; por otra el discurso escrito del novelista de ficción, Bergotte, quien describe en detalle los tesoros arquitectónicos de la catedral de Balbec. Estamos aquí frente a un interesante fenómeno de producción textual, pues si bien todos estos personajes —Swann, Legrandin o Bergotte— forman parte del universo diegético de *En busca del tiempo perdido*, el discurso de cada uno de ellos se nos presenta en toda su alteridad, como algo autónomo y por lo tanto *citable*. En tanto que discurso del "Otro", el narrador establece con ellos una relación *intertextual*, pero en tanto que figuras sin referente extratextual, plenamente ficcionales, la relación sólo puede ser *intratextual*. Se trata entonces de una relación intertextual ficticia generada intratextualmente, en el seno de la misma ficción.

Ahora bien, estas construcciones imaginarias tienen un valor narrativo-ideológico bien definido. Todas ellas constituyen una forma espacializada de la motivación del signo; la proyección de estas ciudades estaría propuesta entonces como una significación necesaria, ya que está, supuestamente, implícita en la forma misma del nombre; o bien, la catedral resume a la ciudad misma, "le impone como un molde las mismas líneas, del mismo estilo, y la transforma en una especie de inmensa catedral". Más aún, estas ciudades, en tanto que signos motivados, aparecen como entidades imaginarias que se oponen al nivel de realidad establecido por la diégesis. A su vez, las entidades "reales" están marcadas como ciudades-signos arbitrarios, criaturas de lo heterogéneo y de lo contingente. La decepción, al llegar al Balbec real, no se hace esperar.

"Pero el mar, que por todas estas cosas me lo había yo figurado que iba a morir al pie del vitral, estaba a más de cinco leguas de distancia (...); y esa cúpula, ese campanario, que por aquellas mis lecturas, en que se lo calificaba a él también de rudo acantilado normando donde crecían las hierbas y revoloteaban los pájaros, me imaginaba yo que recibía en su base el salpicar de las alborotadas olas, erguíase en una plaza donde empalmaban dos líneas de tranvías, frente a un café que tenía una muestra con letras doradas que decían: "Billar", y se destacaba sobre un fondo de tejados sin sombras de mástil alguno. Y la iglesia se entró en mi atención juntamente con el café, con el transeúnte a quien pregunté por mi camino, con la estación a la que iba a regresar, formando un conjunto con todo ello; así que parecía un accidente, un producto de aquel atardecer (...)" [16]

Desde el punto de vista temático-ideológico, la confrontación de estos dos espacios, el imaginario (pseudodiegético) y el real (diegético) —o visto de otro modo, un espacio imaginario elevado al cuadrado— resume algunos de los temas más importantes en Proust. En torno a la oposición fundamental, *imaginación* (creación poética) vs. *realidad* (sujeción pasiva a lo cotidiano), se organizan en paradigma las otras, algunas incluso en forma de oposición espacial: el espacio continuo / el espacio discontinuo, la cohesión / la dispersión, lo necesario / lo accidental, lo homogéneo (connotación: armonía) / lo heterogéneo (connotación cacofonía), etc. En el Balbec de la imaginación, el mar y la catedral, en estricta contigüidad, se responden e interpenetran, formando así una sola materia unificada y homogénea. Si el campanario tiene su origen en un áspero acantilado normando, y la piedra con la que están construidas las naves y las torres es también piedra de acantilado, luego entonces, en esta lógica de la imaginación, la catedral tendría que ubicarse en la cima del acantilado, frente al mar. En el Balbec de la realidad [17], en cambio, este diálogo armonioso se interrumpe, no sólo por esa distancia impertinente, sino por la "cacofonía" que introducen los tranvías y el café, elementos accidentales que rompen la unidad esencial, incluso material, de la iglesia y el mar, unidad que, sin embargo, se sugiere como su "verdadera realidad" y que debería dar pie a una contigüidad efectiva en el mundo de lo cotidiano.

Desde una perspectiva narrativa, este desdoblamiento de niveles intensifica la ilusión de realidad del Balbec "real" (el de la diégesis), en contraste con el Balbec "falso" (el de la imaginación). Empero, como procedimiento textual de representación del espacio, el Balbec de la imaginación se rebela contra el sistema de contigüidades obligadas —tendiente a la heterogeneidad— en las formas convencionales de la representación de espacios urbanos o naturales; se rebela, en fin, contra la diferenciación de formas y segmentos que pudieran corresponder a otros semejantes en la realidad. En cambio, en la construcción de estas ciudades de la imaginación, se establece un nuevo sistema de contigüidades basado en la semejanza y la interpenetración de los elementos: la ciudad entera esculpida como una gran catedral, haciendo eco visual de la catedral que, a su vez, esculpe el *nombre* de la urbe.

Es así como en las formas de organización y en los sistemas de contigüidades radicalmente diferentes de aquellos que han segmentado y ordenado la realidad, nos enfrentamos a nuevos modos de proyección del espacio, pero, sobre todo, a formas diferentes de concebir la ilusión referencial. Porque la impresión visual que nos deja el Balbec "imaginario" es igualmente vívida que la del Balbec "real", aunque ambos sean, estrictamente hablando, espacios imaginarios. Este innegable "efecto de lo visual" en los espacios diegéticos que abiertamente se declaran irreales o imaginarios, nos lleva a considerar nuevas formas de producir la ilusión referencial que no se adecuen al consenso general de lo que es la realidad y que no por ello sean menos "reales" como construcciones de la imaginación creadora.

Notas

1. De hecho, casi podríamos hablar de una ciudad imaginaria en *tercer grado*, ya que, en un guiño al lector, Proust evoca —como si fuera algún genio de lámpara oriental— al Baalbek del Medio Oriente, y al hacerlo conjura las *Mil y una noches*, texto que subyace como modelo a emular a lo largo de toda la obra, como si sólo narrando pudiera posponerse indefinidamente el momento de morir: *En busca del tiempo perdido*, obra póstuma por excelencia.

2. Ducrot, Oswald & T. Todorov, "Diccionario enciclopédico de las ciencias del Lenguaje", Buenos Aires: Siglo XXI, 1972, p. 290.

3. La *diégesis* en una obra literaria, se refiere al desarrollo narrativo de los hechos.

4. Barthes, Roland, "Le degré zéro de l'écriture. Nouveaux essais critiques", Paris: Seuil, 1970, p.74.

5. Greimas, Julien Algirdas, "Pour une sémiologie topologique", en *Sémiotique de l'espace*, Paris: Denoël/Gonthier, 1979, p.40.

6. Pierre LERAT, Pierre, "Sémantique descriptive", Paris: Hachette, 1983, p.73.

7. Barthes, Roland, "Le degré zéro de l'écriture. Nouveaux essais critiques", Paris: Seuil, 1953/1972, p.125.

8. Proust, Marcel, "En busca del tiempo perdido", (3 vols.) Trad. Pedro Salinas (vol. 1), Fernando Gutiérrez (vol. 2). Barcelona: Plaza & Janés, 1975. I, p.49.

9. Habría que preguntarse hasta qué punto aquella imagen de París que tuvieron los hispanoamericanos de fines del siglo pasado y principios de éste —la ciudad simultáneamente atractiva y depravada (o tal vez atractiva *por* depravada)— se debe en parte a las construcciones diegéticas de un Balzac, de un Flaubert o de un Zola, y no, necesariamente, a la ciudad como referente extra-textual que sólo necesita ser reconocido.

10. Proust, óp. cit., 1975, II, p.937.

11. Hemos acuñado este término, recordando al otro, famoso, de Leo Spitzer: "onomatopeya sintáctica". Para el crítico alemán, la sintaxis proustiana refleja en sus meandros, en sus digresiones controladas, el contenido de lo que en la frase se afirma— lo que se dice se refleja especularmente en el cómo se dice. De la misma manera, pensamos que ciertos acontecimientos y episodios en Proust tienen una organización que refleja, en miniatura, no sólo la organización narrativa más vasta de la *Recherche*, sino su contenido diegético. De la misma manera en que se describe el surgimiento del recuerdo de Combray de una taza de té, así surge todo el texto, de ese episodio singular que se convierte en un auténtico disparadero narrativo.

12. Proust, óp. *cit.*, 1975, I, p.48.
13. Barthes, óp. *cit.*, 1953 / I972, p.I24.
14. Proust, óp. *cit.*, 1975, I, p.665.
15. Proust, óp. *cit.*, 1975, I, p.384.
16. Proust, óp. *cit.*, 1975, I, p.660.
17. Permítaseme insistir que al hablar del Balbec "real", la referencia es al Balbec ficcional –real dentro del universo diegético de la novela– independientemente de que ese Balbec sea una creación imaginaria de Marcel Proust; mientras que el Balbec "imaginario" es imaginario dentro del universo ficcional mismo y es producto de la imaginación de Marcel-personaje-narrador. De ahí que haya propuesto dos niveles de construcción imaginaria: 1) la ciudad imaginaria (Balbec o Combray) que no tiene referente extra-textual y 2) la ciudad doblemente imaginaria, la que construye Marcel en su imaginación (Balbec) para luego confrontarla con la de la realidad.

Bibliografía

Barthes, Roland, "Le degré zéro de l'écriture. Nouveaux essais critiques", Paris: Seuil, 1970.

Ducrot, Oswald & T. Todorov, "Diccionario enciclopédico de las ciencias del Lenguaje", Buenos Aires: Siglo XXI, 1972.

Greimas, Julien Algirdas, "Pour une sémiologie topologique", en *Sémiotique del'espace,* Paris: Denoël/Gonthier, 1979.

Pierre LERAT, Pierre, "Sémantique descriptive", Paris: Hachette, 1983.

Proust, Marcel, "En busca del tiempo perdido", (3 vols.) Trad. Pedro Salinas (vol. 1), Fernando Gutiérrez (vol. 2). Barcelona: Plaza & Janés, 1975. I.

Aquitectura, puesta en escena, espacio efímero y escenografía como representación mitológica

ADRIANA QUIROGA ZULUAGA

Introducción

Te he colocado en el centro del mundo para que puedas explorar de la mejor manera posible tu entorno y veas lo que existe. No te he creado ni como un ser celestial ni como uno terrenal.....Para que puedas formarte y ser tú mismo.
Giovani Pico Della Mirandola, *Oratorio de hominis dignitate*.

Dentro del mundo de la arquitectura, me he dado cuenta de la importancia que tienen aquellos elementos imaginarios que conforman una comunidad; considero que ellos son la base para la formación de una sociedad y su entorno. De igual manera, la forma de representación que para mi concepto, es un "arte" [1], vincula a la arquitectura como una de las herramientas que proyecta aquellos elementos imaginarios en espacios arquitectónicos, como resultado de las manifestaciones que se engendran en el espíritu de un hombre y su pueblo.

Hegel habla de la "familia imaginativa", haciendo referencia al espíritu imaginativo y subjetivo, que usa imágenes y figuras. Este principio de evolución fue determinando la forma de representación de un pueblo, implica además que en el fondo haya una determinación interna y un supuesto que esté presente en sí y que se dé a sí mismo.

Por consiguiente, el espíritu, tiene su escenario en la historia universal, su propiedad y campo no fluctúan en el juego exterior de las contingencias, sino que es absolutamente determinante.

La Escenografía (entendida como materia tangible que se origina de una obra teatral y al igual que la obra arquitectónica es el resultado de la manifestación espiritual de un pueblo) es una de las manifestaciones arquitectónicas que plasma el deseo del hombre de vivir su imaginario en donde cada espacio creado implica un orden, y la colocación de los elementos que lo conforman para sí, un escenario.

El campo de investigación que se pretende consolidar, radica en la posibilidad de unificar una "arquitectura que se proyecta por medio de una serie de condicionantes y demandas sociales" con las escenas cotidianas que se generan a raíz de vivencias y que son el resultado de un marco espiritual que llevan al hombre a cuestionar, plasmar o reproducir el hecho de su existencia. Este campo de investigación tiene como base para su conformación y representación, elementos como: mito, temporalidad, atemporalidad, imaginación, utopía, arte efímero, semiótica, lenguaje, lo sagrado, lo profano, etc.

Con esto se quiere reafirmar la teoría de Hegel sobre el papel del arquitecto: "La primera realización del arte correspondiente a la forma simbólica fue la arquitectura, donde el arquitecto tiene como misión: Conferir a la naturaleza inorgánica transformaciones que debido a la magia del arte, a la aproximación del espíritu y los materiales que la trabajan, representen por su aspecto exterior y directo, una pesada masa mecánica. Sus formas continúan siendo de naturaleza inorgánica ordenadas de acuerdo con las relaciones abstractas de simetría." [2]

El Espíritu de un pueblo y su Representación.
Desde la concepción del hombre dentro de una comunidad sedentaria se ha pensado en el mito como respuesta a su existencia, utilizando el espacio como esa forma de representación que brinda la posibilidad de coacción del hombre ante la naturaleza. Una de las teorías sobre el mito argumenta la necesidad que tiene el hombre para justificar su poder ante el dominio de la naturaleza, rechaza todas las reglas lógicas y genera una de las mayores fuerzas de civilización que conectan todas las actividades humana; el hombre reafirma su poder creando sus propios dioses. La realidad es lo sagrado, la aparición de los dioses significa la posibilidad de la pregunta.

El rito nace siendo uno de los medios con el cual el hombre establece sus preguntas hacia sus dioses; con el ritual, el rito empieza a funcionar tomando formas específicamente diseñadas para invocar, recibir y despedir a través de movimientos, gestos y canto; el ritual que se daba en las antiguas civilizaciones se considera como la base de inicio del teatro, el cual servía como un medio de comunicación entre el hombre y sus dioses, esta comunicación resulta ser un fenómeno fugaz y efímero que deja en la memoria la imagen de algo que se conserva como esperanza o posible resultado: La Utopía.

El mito, a través del ritual, la danza y la fiesta, logra crear una de las primeras formas de manifestación de la arquitectura efímera como lo es el arte escénico, siendo éste la respuesta al vínculo de unión entre el espacio arquitectónico y el espacio teatral.

Lenguaje

Todas estas manifestaciones entablan un lenguaje simbólico, como la arquitectura misma. E. Sapir define el lenguaje como "el método exclusivamente humano y no instintivo de comunicar ideas, emociones y deseos, por medio de un sistema de símbolos producidos de manera deliberada". El simbolismo sirve para entablar un modelo que nace de una arquitectura anterior para la reproducción de elementos en el diseño de una nueva arquitectura.

Para Alan Colquhom la arquitectura es "parte de un sistema de comunicación dentro de la sociedad", y expone las bases antropológicas y psicológicas para el uso de una tipología de formas en el diseño afirmando que no sólo estamos libres a las formas como a los modelos tipológicos; perdemos un sector muy activo de nuestra imaginación y nuestra capacidad de comunicarnos con los demás. [3]

Dentro de los elementos que ayudan a la conformación de las manifestaciones simbólicas del ser humano encontramos a la imagen como representación vaga del objeto. La imagen contribuye a permanecer en él ámbito de la pregunta para luego ser el punto de partida hipotético que es sometido a una reelaboración racional.

"La imagen tiene como correlato, no la interpretación del objeto actual, sino la representación del objeto conservado como recuerdo... en ese caso la imaginación actúa dotando de imágenes los recuerdos, a través de las cuales los deforman y en cierta manera los recrea." [4]

De igual manera la imagen va vinculando lo simbólico, que separa y potencia lo real de lo imaginario, estableciendo una relación entre el objeto y el lenguaje; esta relación está determinada por la temporalidad, la cual demanda un movimiento bidireccional entre las imágenes y las categorías.

A su vez el diálogo comunicación elemental y primaria, basado en gestos, movimientos y voces, forma parte del lenguaje múltiple de la humanidad; las primeras culturas, las comunidades agrícolas y cazadoras, desarrollan un sentido de organización colectiva, empezando a codificar lenguajes entre ellos de representación simbólica. Por ejemplo, las antiguas civilizaciones muestran en sus pinturas rupestres, el dominio del hombre hacia el animal, figuras mitad hombre - mitad animal; y en los rituales el chamán, (especie de mago, sacerdote y hechicero, cuya influencia era enorme), fué uno de los primeros actores que contaba con un programa de preparación, fingiendo desmayosy haciendo las practicas más existenciales que artísticas.

Las formas más elementales de espectáculos; se establecen por generación espontánea, que se crea por el encuentro entre el espacio del espectador, el espacio del actor y el universo público. De este encuentro brota el equilibrio.

El Lenguaje puesto en escena
El objetivo primordial de la puesta en escena es mostrar, según Aristóteles, una imitación. [5] "Mimesis": lo que se presenta nunca va hacer exacto a la realidad. El propósito del teatro es proporcionar un placer estético y aclara la vida mediante la comunicación de las ideas, pensamientos emociones del artista a su público.

En las antiguas civilizaciones clásicas de Grecia y Roma, encontramos las primeras bases que conforman el aparato escénico; simples adornos y decorados pictóricos que resulta de esta técnica. En la edad media, la cual ejemplificaremos mas adelante, la iglesia es el primer espacio arquitectónico cerrado que se utiliza como representación teatral; para el renacimiento se pintaba un telón de fondo en perspectiva; ya en tiempos modernos el aparato escénico toma el nombre de escenografía y se convierte en ciencia y método del escenario y del espacio teatral.

La escenografía es materia tangible que resulta de una obra teatral; esta materia tangible genera un espacio –Escénico-, concretamente perceptible por un público durante la acción teatral. Este espacio esta delimitado por la separación entre mirada y objeto observado, su límite será definido de acuerdo a la representación de la escena.

Si hacemos una analogía con algunas manifestaciones arquitectónicas y la escenografía el texto teatral sería definido:

1. Como la argumentación de los fenómenos sociales que genera la acción humana -actor, espectador- con respecto a la obra arquitectónica.

2. Un habitar permanente del espacio.

3. Simplemente, la utilización de ella por un tiempo determinado para luego ser abandonada.

En el momento en que se crea el aparato escénico y su espacio generador, hablamos de una puesta en escena.

La puesta en escena como idea data de la segunda mitad del siglo XIX, y se entiende según Veinteis como: "El conjunto de medios de interpretación escénica; en una 'acepción restringida' designa la actividad, que consiste en la disposición, en cierto tiempo y en cierto espacio de actuación de los diferentes elementos de una obra dramática." [6]

Por consiguiente, cuando toda obra de arte, no necesariamente literaria, es puesta en escena y cumple con los parámetros anteriormente descritos, se convierte en una de las formas de manifestación del espíritu de un pueblo, según Hegel, la "obra de la belleza". [7]

Lo Efímero

Lo efímero está conformado por aquellas series de fenómenos o hechos que están claramente incluidos en el mundo del arte y la técnica, en donde influye al desempe&ñacute;ar una acción sin derecho a ella, la ciencia, la técnica, el trabajo y la creatividad artística y que por el resultado fugaz, fungible y efímero se les designa un nombre de moda, adorno, frivolidad, festividad y entretenimiento. [8]

Cuando hablamos de arte, desde un punto de vista económico,

lo vemos como un complejo proceso, donde el valor de los objetos artificializados está en ser consumidos en experiencias comunicativas de valor simbólico que terminan cuando la obra se agota, el resultado final es la imagen, y precisamente lo que no es museable son las perspectivas vividas y los restos que sirvieron para ello.

Es por eso que toda obra de arte se vuelve efímera con el tiempo, en el momento que deja de ser usada o valorada como pieza de museo; algo que puede ser aplicado a las obras arquitectónicas actuales que son manifestaciones de un sistema económico en la era de la globalización; por ejemplo Celebrations y su mundo Disney, Las Vegas, los restaurantes de comidas rápidas, los centros administrativos, aeropuertos, los centros comerciales etc.

El arte efímero resulta de las técnicas que más que fabricar objetos, generan producción; su valor como obra reside precisamente en ser consumido, literalmente es una experiencia comunicativa que agota la obra. Y el arte de relación es per se, paradigma de lo efímero y en la última instancia, efímero él mismo. No existen experiencias inmutables, porque su significado cambia con el tiempo. [9]

Por consiguiente este tipo de arte, busca en el fondo mecanismos de escenificación, códigos de representación figural o sistemas que cada cultura genere para representar su mundo a través de símbolos, formas o fenómenos plásticos, en la fiesta o celebración civil, religiosa o profana.

El Espacio como Escenario

El espacio no debe entenderse como un objeto abstracto, es el significado que adquieren una serie de condicionantes que lo conforman en función a sus características y la forma de vivir en su interior.

Para algunos teóricos, el espacio, es tomado como el lugar de manifestación de cualquier actividad cultural que vaya muy ligado con la forma de actividad humana en su utilización estética:" Una actividad que consiste en transformar materiales mediante una actitud creativa y poblar el entorno con signos cuya misión final es comunicar, mediante un repertorio simbólico consensual, la descripción que de la realidad hace cada comunidad". [10]

E. Goffman dice que cada ser colectivo representa una serie de papeles; la vida es un teatro en donde el individuo participa de una serie de representaciones ritualizadas que se llevan a cabo en escenarios exclusivamente o utilizados para ese fin. El espacio que constituye un escenario, y es utilizado por un grupo que representa simbólicamente en su interior la obra de arte espacial que lo conforma, debe poseer una estética que represente el universo simbólico de esa comunidad.

Concluye, si se analiza cada obra de arte desde este punto de vista, se debe interpretar como un elemento que participa en un espectáculo total, dise&ñacute;ado para vivenciar ideológicamente las experiencias de un grupo que sé esta renovando continuamente. Lo que define y distingue una cultura de otra, son los diferentes mecanismos de escenificación que utilizan. [11]

Modelos de Representación del Espacio escénico en la Edad Media
La Iglesia como Espacio Escénico
En la Edad Media surge el primer espacio escénico cubierto y dise&ñacute;ado para una sociedad monoteísta que se encuentra ya establecida por comunidades que conforman la ciudad. En esta época para sorpresa de todos, el lugar sagrado por excelencia ,la iglesia, es el que abre al teatro la posibilidad de ser el oficio divino.

La ceremonia de una sociedad que empieza a ser monoteísta en busca de la libertad y la salvación se realiza periódicamente en torno a sus líderes para participar en los oficios religioso; se van ordenando según un ritual en donde se utilizan todos sus sentidos, gestos, palabras e iluminación. La celebración de la misa aparece como un misterio de fe y como un drama, según Honorio de Autun: "El sacerdote cumple la función de actor trágico y representa el papel de Cristo ante la multitud cristiana en el teatro del altar".

El lugar más común para interpretar la escena era el coro, o las naves para las procesiones y cortejos. Para poder trabajar el espacio histórico de una obra que era desmedida de ambición en lo referente a espacio y tiempo, se buscó la necesidad de utilizar la altura dentro de la horizontalidad, por ejemplo, cuando se buscaba simbolizar la tierra y el cielo.

Inicialmente, el espacio escénico y sus objetos de representación son los que ofrece el lugar del culto, dotados de un carácter simbólico. Pero a menudo van evolucionando las escrituras y se hace necesaria la introducción de material ajeno al recinto sagrado para su personificación, lo cual genera un acto irrespetuoso y de profanación. La luz era el sol, acompa&ñacute;ada con la utilización de velas junto con sedas coloreadas o botellas de vino colocadas frente de la llama para lograr efectos espaciales.

Representación de los Espacios Escénicos fuera de la Iglesia

A raíz, de la introducción de elementos al templo que se consideraban profanos e irrespetuosos y de la aceptación por parte de la iglesia, para que los laicos fueran parte de la obra; Se busco la yuxtaposición de espacios simultáneos, retomando a épocas anteriores. Empiezan a ser utilizados los espacios públicos, como la plaza, patios, claustros, la calle e incluso los cementerios en donde se realizaban rondas, juegos y danzas. La utilización de carros que se detenían para representar la escena, fué ejemplo característico de Francia, en donde se adopta los decorados simultáneos, para mostrar una escenografía más dilatada y ofrecer un espacio común más amplio para la evolución de los actores.

Para Concluir, y Seguir...

El inicio de un mundo efímero se da desde el principio de la humanidad, conservando a los dioses como lo más sublime, la respuesta a algo que el hombre nunca ha podido manejar. El arte escénico, es la primera manifestación de dominio y su organización colectiva representada por medio de símbolos es el desahogo de la vida, el inicio de un ciclo y el recuerdo del pasado.

Se podría decir, que Las manifestaciones teatrales hacen parte de los primeros elementos simbólicos -Utopías- que el hombre crea para su comunidad con la esperanza de un mundo mejor. A través de los sacrificios, la comunidad entrega sus mejores bienes a cambio de un sueño; o que se podrá convertir en realidad; siendo la fiesta uno de los rituales, que sirve como forma de manifestación a esa necesidad.

Si observamos actualmente, aunque el hombre se encuentre

en un mundo totalmente racional y material, se sigue conservando todos estos actos espirituales, que brinda la esperanza de hacer parte de la vida de un nuevo ciclo.

El arquitecto, transformador de espacios, sigue dando a su comunidad, por medio de sus proyectos, la respuesta de un viaje a ese mundo efímero. La realización de un nuevo mundo en donde cada espacio que organiza se convierte en una "Puesta En Escena". En este momento la arquitectura cumple su papel como Arte y brinda Arte para su comunidad.

Notas

1. Se entiende el arte dentro de sus múltiples teorías, como toda actividad humana consciente, capaz de reproducir cosas, construir formas o expresar una experiencia. El producto de esta producción, construcción o expresión puede deleitar, emocionar o producir un choque. Wladyslaw Tatarkiewicz en "Historia de seis ideas", España: Tecnos, 2004, p. 67

2. Arte para Hegel significaba el conocimiento de las leyes del espíritu, Wladyslaw, *op. cit.*, p.69.

3. Venturi Robert, "Aprendiendo de las Vegas", Barcelona: G.G., 2000. p.163.

4. Noel Lapoujade María, "Filosofía de la imaginación", México: Editorial Siglo XXI, 1988, p. 197

5. Wladyslaw, op. cit., p.125.Teoría mimética: La base de esta teoría fue la observación sobre la producción humana, que en algunas de sus divisiones no añade nada a la realidad, sino que crea representaciones irreales, cosas ficticias, fantasmas, e ilusiones.

6. Pavis, Patrice, "Diccionario de teatro, Dramaturga, estética y semiología", Barcelona: Paidós Comunicación, 1990, p. 173.

7. Para Hegel, la belleza es el primer grado, la forma inmediata del saber absoluto, no simplemente por la razón o por el estado, sino como espíritu que existe y se sabe a sí mismo.

8. Fernández Arenas, José, "Arte efímero y espacio estético", España: Anthropos,1988, p.9.

9. Fernández, *op. cit.*, p.10.

10. Fernández, op. cit., p.19.

11. Goffman Ervin, "The Presentation of Self in Everyday Life", Paperback – Unabridged, 1959.

Bibliografía

Fernández Arenas, José, "Arte efímero y espacio estético", España: Anthropos,1988

Goffman Ervin, "The Presentation of Self in Everyday Life", Paperback – Unabridged, 1959.

Noel Lapoujade María, "Filosofía de la imaginación", México: Editorial Siglo XXI, 1988.

Pavis, Patrice, "Diccionario de Teatro. Dramaturga, Estética y Semiología", Barcelona: Paidós Comunicación, 1990.

Venturi Robert, "Aprendiendo de las Vegas", Barcelona: G.G., 2000.

Wladyslaw Tatarkiewicz en "Historia de seis ideas", España: Tecnos, 2004.

El lugar de la memoria

ALEJANDRO SANZ SANTILLÁN

A Domitilo solo le faltaban 40 pasos al Este para llegar a la "equis", que tendría que estar a 150 cm. por debajo del nivel del piso cerámico, sin ninguna seña en la superficie. Durante 57 años había esperado este momento, 57 años de incansable búsqueda que le habían costado, en los últimos 20, toda su pequeña fortuna, dos matrimonios y el cariño de sus 3 hijos. Cuarenta pasos le separaban de la total reivindicación, apretó el mapa en tinta sepia apergaminado con la mano izquierda, sudorosa por el entusiasmo y con la derecha buscó con disimulo en el bolsillo el fino cincel de punta diamantada para hacer la incisión, una incisión delicada y precisa, que le permita volver en la noche, cuando no habría gente que visitara la Galería Comercial y le vea, escarbando, inicialmente, para aflojar las losas de cerámica y excavando luego, el metro y medio de profundidad, primero el vaciado de cemento, el mortero de piedras, la tierra apisonada y ahí, ahí tendría que estar.

Ya era noche avanzada, su primera noche de turno como portero de la Galería Comercial, cargo que para Domitilo, con su título de Arqueólogo, que nunca ejerció, excepto en la Cátedra Universitaria, le fue difícil de obtener, hubo de esconder y falsear documentación personal, cambiar su aspecto y "dejarse estar" como le decían sus familiares, durante varios meses, para lograr esa fachada de viejo necesitado y trabajador, -mierda!- se decía a sí mismo-, que difícil es ser portero en esta ciudad.

¡Cómo había cambiado aquella casona!, que hoy tendría poco más de una centuria, mucha de la estructura original estaba intacta, incluso gran parte de la fachada, a excepción del acristalado de la entrada, -horrible!, de mal gusto-, lo peor era la zona de galerías, o sea el 80% de la planta baja, solo aluminio, vidrio y piso cerámico, - todo frío, todo feo-, mucho espacio y al mismo tiempo sin campo para nada, sin un lugar para sentarse a pensar, pero claro, aquí no se piensa, se compra sin pensar, si no, no sería negocio.

La noche cerrada era perfecta, las luces de la entrada directa a la calle le confeccionaban una cortina que impedía la visión hacia el interior y, al mismo tiempo, iluminaba el piso lo suficiente para trabajar. Las herramientas, minuciosamente seleccionadas durante mucho tiempo justificaban su costo y su exquisitez, las lozas aflojaban de inmediato, con poco esfuerzo y casi sin ruido, la plancha de cemento dio más trabajo, el empedrado dio menos, pero cansaba bastante, la tierra apisonada estaba demasiado dura al principio, después, poco a poco estaba más húmeda, se tornaba más amable para el trabajo, pero claro, la limpieza luego iba a ser más morosa por el barrial.

En solo tres horas de laboriosa faena, la pala de palanca manual choca con algo plano y sólido, que sin embargo suena a hueco, sí, era el cofre, durante años se había hecho la imagen del cofre, madera de roble, refuerzos metálicos en las aristas y ángulos, dos candados en el frente, la madera de un ligero color verdoso, era por la pintura no por oxidación ninguna, ese color le daba más clase. El sonido del golpe de la pala en el cofre cobró un repetitivo eco en el pecho de Domitilo, eso que se aceleraba cada vez más, el sudor aumentaba también y no era por el cansancio, Domitilo sentía explotar de energía, ahí estaba, entre sus manos, el cofre tan idéntico al de la imagen en su memoria, no le faltaba detalle, los refuerzos metálicos oxidados, por su puesto ahí la imagen variaba, pero era lógico, ¡tantos años!

Pero primero debería rellenar el hueco y reparar el piso, borrar toda huella y no dejar evidencia alguna de la intervención, y todo antes de las 08:00 a.m.

-Buenos días don Domi.

-Buenos días Licenciado ¿cómo amaneció hoy?

-Bien, bien gracias ¿Sin novedad?

-Sin novedad Licenciado

-Y este piso…como que se ve más limpio ¿no?

-He limpiado anoche para no aburrirme, me he olvidado mi radio

-Ah que bueno hombre, gracias y lo felicito, se ve muy bien.

-Gracias Licenciado, se hace lo que se puede, con permiso, ya pasó mi turno, me cambio y me voy a mi casa

-Vaya, vaya no más don Domi.

Ya en su departamento, más bien en el garçonnier que alquila a cuadra y media de la Galería, (no había vacancia más cerca), Domitilo saca las llaves que debieran coincidir con los candados del cofre, pero primero, aceite de máquina para aflojar el mecanismo de los candados y que se limpien un poco. Casi media hora se tarda en abrir cada uno de los candados, no hay que forzarlos, éstas son sus llaves, no hay duda, sólo hay que darles tiempo para que se reconozcan.

Al abrir el cofre, muy lentamente, los recuerdos de Domitilo se hacen presentes, todos de golpe, rápidos y sin orden, su infancia en la casona señorial, la muerte de su padre y la necesidad de su madre de vender la propiedad e irse ambos a otra ciudad, él con menos de 10 años de edad y con la responsabilidad de guardar los tesoros de la familia, tesoros invalorables que aparecían uno a uno en el interior del cofre a medida que lo abría, la única foto de la boda de sus padres, la hoja de papel donde estaba escrita en tinta sepia, la letra de la canción que le enseñaba el abuelo, el reloj de papá, un mechón de cabello de Jacinta, la empleada quinceañera que sería el primer amor del niño Domi, la foto de Marilyn Monroe en su vestido blanco con puntos, y con la sonrisa tan idéntica a la de la Jacinta, varios papeles con poemas escritos, todos en la misma tinta sepia, que más bien eran conjuros y embrujos para reunirse con ella algún día, para volver a recuperar la casa y sus rincones de ensueño, para aliviar el llanto de mamá, para evitar que el abuelo siga visitándolos después de haberse ido al cielo, igual que otra copia del mapa de la casa y del barrio, señalando exactamente el lugar donde se escondía el cofre, a metro y medio del piso de machihembre de tabla ancha, con esa copia sería más fácil encontrarlo, por la atracción que las cosas tienen cuando son iguales o son mitades de un todo, como la media canica que se partió extrañamente en el momento que ganaba el gran campeonato barrial y la Jacinta empezó a gritar desaforada para alentarlo, entonces la otra mitad se la entregó a ella, -(quizá ahora, a ella también la encuentre)-.

Los dibujos que le hizo su tío Arturo con los personajes de sus sueños, los buenos bien planchados para que pudieran protegerlo y los malos arrugados y doblados en ocho para que no puedan salir a molestarlo nunca más, ahí estaba todo, ahí estaba toda su vida, porque a partir de los 10 años, lo demás es un pretexto que transcurre para poder encontrarse algún día con la vida que se deja en algún rincón del tiempo, que quizá no vuelve, pero que se mantiene siempre en ese mágico espacio.

140

Sobre los autores

José Mario Calero Vizcaíno

Doctorando en ámbitos de investigación en la energía y el medio ambiente en la arquitectura, en Escuela Superior Técnica de Arquitectura de Barcelona y Escuela Superior Técnica de Arquitectura del (Vallès) Universidad Politécnica de Cataluña, Maestro en arquitectura bioclimática por la Universidad Autónoma Metropolitana Azcapotzalco, diplomado en diseño de comunidades sostenibles en la Universidad Ibero-americana, donde es catedrático de las materias de geometría y proyectos. Ha publicado artículos en revistas especializadas en Argentina y en México. En la práctica profesional ha realizado y participado en diversos concursos y desarrollado diversos proyectos en Suecia y México. Creador y administrador de la sociedad anónima de capital variable, familiar: http://www.pais-a.com.mx S.A. de C.V. dedicada a promover y fortalecer la identidad mexicana, expositor de acuarelas (natura-forma), en Barcelona, Cataluña. Ha realizado diversas investigaciones sobre la identidad mexicana, sistemas de cubiertas, energía verde y sensibilidad energética.

143

Claudio Daniel Conenna

Arquitecto ítalo-argentino, nacido en Tandil-Buenos Aires-Argentina, (1959), graduado en la Facultad de Arquitectura y Urbanismo de la Universidad Nacional de la Plata, Argentina/1984. Ph.D. en el Politécnico de la Universidad Aristóteles de Tesalónica -Grecia/1999. Es arquitecto proyectista en diferentes estudios, trabaja independientemente en Argentina y en Grecia. Dentro de sus actividades académicas; es docente de Diseño Arquitectónico e Historia de la Arquitectura en la Facultad de Arquitectura y Urbanismo de la Universidad Nacional de la Plata, Argentina (1985-93). Es Docente de Diseño Arquitectónico y Teoría de la Arquitectura en la Facultad de Arquitectura de la Universidad Aristóteles de Salónica en Grecia (2001- hasta la actualidad). Cuenta con diversas publicaciones, como 40 artículos, aproximadamente sobre los diferentes edificios y arquitectos de la arquitectura contemporánea, su obra consta de los libros: *Arquitectura Griega monástica, una propuesta orgánica* (2007) y *Dibujos en la arena, los proyectos no realizados* (2009). Tiene dominio del español, inglés, italiano y griego.

Edgar Franco Flores

Maestro en Arquitectura por la UNAM, escritor e investigador especializado en creatividad, catedrático en la Licenciatura en Arquitectura de la Universidad Autónoma del Estado de Hidalgo, Instituto de Ciencias Básicas e Ingeniería, es autor de los libros: "Ópera Prima Viento", "Letras & Delirio" y "12 campanadas hacen un reloj", creador del sello de diseño arquitectónico Architectiak y fundador de Architectiak.com.

María Elena Hernández Álvarez

Nació en la Ciudad de México. Doctora en Arquitectura, (Mención Honorífica) UNAM; Maestría en Humanidades, Licenciatura en Arquitectura y Master (MDI) U. Anáhuac. Inicia labor docente en 1972; ha impartido diversas cátedras en la ESIA del Instituto Politécnico Nacional, la Universidad Anáhuac, la Universidad Iberoamericana, la UNAM y el Instituto Superior de Ciencia y Tecnología, A.C. Fue Directora de la Escuela de Arquitectura del ISCYTAC (Gómez Palacio, Durango. México). Autora del *libro Arquitectura en la Poesía* (UNAM); coautora con la Dra. Margarita León Vega del libro *El espacio en la Narración* (UNAM); autora del libro *Supuestos morfogenéticos de la Arquitectura. El caso de la Catedral Gótica.* Ha publicado artículos en Universidades y en revistas especializadas. Ponente y organizadora en diversos foros nacionales e internacionales. Ha dirigido numerosas tesis de licenciatura, maestría y doctorado. Fundadora y Directora de la publicación en Internet www.architecthum.edu.mx. Fundadora y Directora de Architecthum-Plus, S.C., editores. En ejercicio libre de la profesión ha desarrollado y edificado diversos proyectos arquitectónicos. Titular del Seminario de Área y Taller de Investigación "Arquitectura y Humanidades" en el Programa de Maestría y Doctorado en Arquitectura de la Universidad Nacional Autónoma de México. Medalla "Alfonso Caso", UNAM por tesis doctoral. Miembro del Jurado del Premio Universidad Nacional y Distinción Nacional para Jóvenes Académicos. Reconocimiento de la Dirección General de Estudios de Posgrado UNAM a tesis doctoral en la Colección 2002. Miembro de Número de la Academia Nacional de Arquitectura. Consejera Técnica (2006-2012) representante de los profesores de Posgrado, Facultad de Arquitectura, UNAM.

José Luis Lizárraga Valdez
Nace en la Ciudad de Mazatlán, Sinaloa. Arquitecto egresado de la Universidad Autónoma de Sinaloa en 1997, becado por Intercambio Académico entre la U.A.S. y la U.N.A.M. Maestría en Arquitectura, U.N.A.M., miembro organizador del 5to coloquio internacional, Ciudades del turismo, el imaginario y la construcción del territorio turístico en Sinaloa.

Jorge Aníbal Manrique Prieto
Maestro en arquitectura (mención honorífica), UNAM. Arquitecto de la Universidad Nacional de Colombia, sede Bogotá; con profundización en vivienda. Ha trabajado en investigaciones de entidades públicas en Bogotá, como diseñador de proyectos en entidades privadas, y como profesor adjunto de posgrado en la Facultad de Arquitectura de la UNAM. Fue ganador de un primer puesto en la "X Anual de Estudiantes de Arquitectura" de la sociedad colombiana de arquitectos, con su proyecto de grado de licenciatura titulado: "Vivienda de alta densidad: Calidad en el Habitar". Proyecto que ha sido publicado en las revistas Escala Colombia y Replanteo. Ha participado en diferentes congresos y encuentros académicos como asistente y como ponente: en Noviembre de 2012 participó en el "XXIV Congreso Panamericano de Arquitectos" en Maceió, Brasil. Y en el año 2013 colaboró como parte del comité organizador y como ponente del "1er. Encuentro Académico Internacional: Reflexiones en torno al proyecto arquitectónico" organizado entre las maestrías en arquitectura de la UNAM y la UNAL, evento que se realizó en Bogotá, Colombia. Actualmente trabaja en una ONG desarrollando proyectos de infraestructura educativa para lugares marginados en México.

Federico Martínez Reyes
Maestro en Arquitectura por la Universidad Nacional Autónoma de México y Licenciado en Arquitectura por la Facultad de Arquitectura de la UNAM. Se desempeña como docente en la UNITEC desde 2006 y como docente de la UNAM desde el año 2000. Como investigador ha publicado en la página electrónica *architecthum.edu.mx* y en la revista argentina especializada en diseño y arquitectura *VonHaus*. Ha colaborado en varios libros

enfocados a la relación entre humanidades y arquitectura, como: "La arquitectura en la Poesía" y "El espacio en la narración: Arquitectura en la cuentística hispanoamericana contemporánea" (una selección), ambos publicados por la Facultad de Arquitectura de la UNAM. Ha publicado también en revistas literarias como *(paréntesis)* y la revista *Cauces*. Como autor independiente tiene publicado un libro de minificción y prosa poética bajo el título "Entre muros y palabras". En agosto de 2013 fue invitado al Coloquio de Minificción que se llevó a cabo en la Facultad de Filosofía y Letras de la UNAM y participó en los *webinars* de la Semana de las Artes 2013, promovida como parte del programa de Desarrollo Docente de Laureate International Universities, con la conferencia titulada "Algunas reflexiones sobre el imaginario de la arquitectura como arte en el diseño arquitectónico y en su enseñanza". Desde el año 2004 se ha dedicado al estudio de la relación entre arquitectura, literatura y poética, y sus incidencias en la enseñanza del diseño.

Adolfo Benito Narváez Tijerina

El Doctor Adolfo Benito Narváez Tijerina estudió Doctorado en Arquitectura en la Universidad Nacional Autónoma de México, donde se graduó con mención honorífica. Es Investigador de la Facultad de Arquitectura de la UANL, actualmente como Profesor Titular B, ha sido docente de licenciatura y posgrado en la Universidad Autónoma de Nuevo León desde 1989, ha sido además profesor visitante de la Universidad Autónoma de Aguascalientes, de la Universidad La Salle Bajío, de la Universidad de Mendoza en Argentina y la Universidad Nacional de San Juan en el mismo país, de la Universidad Politécnica de Cataluña, asesor en el Doctorado en Políticas Comparadas de Bienestar Social Texas University Austin -Universidad Autónoma de Nuevo León, en el Doctorado en Arquitectura de la UNAM, en el Doctorado en Arquitectura Universidad Central de Venezuela y en el Doctorado en Arquitectura de la Universidad del Zulia en Maracaibo, Venezuela. Ha realizado una estancia de investigación en la Universidad de Ciencias Aplicadas en Bochum, Alemania. Ha sido profesor en el programa de Arquitectura Sustentable de la Universidad de Tucson- UANL y ha desarrollado proyectos de investigación financiados por CONACYT sobre Desarrollo Sustentable. Ha desempeñado diversos cargos académicos y administrativos en la Facultad de Arquitectura: de 1992 a 1996 fue Coordinador de la Maestría en Diseño Arquitectónico, de 1996 a 2004 fue Secretario del Instituto de Investigaciones de Arquitectura, de 2004 a 2005 fue Subdirector General de la Facultad de Arquitectura y de 2003 al 2006 fue Presidente del Comité del Doctorado en Filosofía con Orientaciones en Arquitectura y Asuntos Urbanos. Actualmente es Representante del Cuerpo Académico en Consolidación Estudios Sobre Diseño. Entre sus méritos más destacables está el de haber sido el fundador del Doctorado en Filosofía con orientaciones en Arquitectura y Asuntos Urbanos de la Universidad Autónoma de Nuevo León, actualmente acreditado como programa consolidado por el Padrón Nacional de Postgrados de Calidad del CONACYT, haber fundado en 1996 el Instituto de Investigaciones de Arquitectura y en el 2007 el Laboratorio de Estudios Sobre Diseño. Ha sido par evaluador del Consejo Mexicano de Acreditación de la Enseñanza de la Arquitectura (COMAEA) Miembro de Comité del Padrón Nacional de Posgrados de CONACYT, Miembro del Comité de Humanidades de Investigación Científica Básica de CONACYT, Miembro de Comisiones Dictaminadoras de SNI en 2006. El Dr. Narváez es Autor de 23 libros sobre arquitectura, urbanismo y metodología de la ciencia, 55 artículos especializados publicados y 18 capítulos en libros, ha dirigido en México y en el extranjero 27 tesis de Doctorado, Maestría y Licenciatura, ha sido responsable de 9 investigaciones apoyadas por CONACYT, SEP, UANL y otras instituciones. Entre los reconocimientos cabe destacar que ha sido distinguido por ANUIES en 1999 por el Mejor Ensayo Sobre Temas de Educación Superior y en 1998 y el 2001 como ganador del Premio de Investigación UANL en Ciencias Sociales y en Humanidades, obtuvo el CALLI de Cristal del Colegio de Arquitectos de Nuevo León a la mejor investigación de 1997. Fue reconocido por su trayectoria artística por el Consejo Cultural Mundial en el año 2007.

Eduardo Pérez González
Maestro en Diseño Arquitectónico por la Facultad de Arquitectura División de Estudios de Posgrado UNAM, México, realizó Cursos de Posgrado en Multimedia Interactiva, MEDIA-GN Groningen, en los

Países Bajos y de Especialización en Apreciación Cinematográfica. Es licenciado en Diseño de la Comunicación Gráfica Especialización en fotografía- Ilustración por la UAM-Xochimilco. Publicó el CD-Room Interactivo: "The man without head into the labyrinth" CTDP, MEDIA-GN, Catálogo de autores multimedia. Groningen, Países Bajos, fue expositor del Primer Jardín de Diseño Gráfico Exposición Colectiva UAM-Xochimilco Ciudad de México, de Jóvenes Ilustradores Exposición Colectiva UAM-Xochimilco Ciudad de México, de "Cada Cabeza un mundo" Fotografías B/N exposición individual y en el Ex convento Desierto de los Leones Ciudad de México.

Luz Aurora Pimentel Anduiza

Profesora Emérita de la Universidad Nacional Autónoma de México, su labor se destaca en los campos de la teoría literaria y la literatura comparada, es profesora de tiempo completo titular C definitiva en la Facultad de Filosofía y Letras. Tiene una Licenciatura en Letras Inglesas por la UNAM; un diploma de posgrado por la Universidad de Nottingham, Inglaterra; una maestría en literatura Anglo-Irlandesa por la Universidad de Leeds, Inglaterra (mención honorífica); otra maestría y un doctorado en Literatura Comparada por la Universidad de Harvard, Estados Unidos, donde obtuvo cuatro premios de Literatura Comparada. Inició su carrera docente y de investigación en la UNAM en 1965 en la Escuela Nacional Preparatoria, se incorporó al C.E.L.E. en 1968 y desde 1969 es profesora en la Facultad de Filosofía y Letras, es autora de los libros de teoría literaria *Metaphoric Narration*, *El relato en perspectiva* y *El espacio en la ficción*. Es miembro del comité editorial de la revista *Arquitectura y Humanidades*, desde 1996 participó en el proyecto internacional, *The Latin American Literary History Project*, auspiciado por la *Asociación Internacional de Literatura Comparada (AILC/ ICLA)*. El proyecto culminó con la publicación, en tres volúmenes por Oxford University Press (2004), de Literary Cultures of Latin America. A Comparative History. La Dra. Pimentel participó también con un capítulo en el 2° volumen, "The Representation of Nature in Nineteenth-Century Narrative and Iconography", ha publicado una docena de capítulos en libros en México y en el extranjero, entre los que destacan, "Comparative Literature and Cognitive

Science", en *Savoirs et littérature;* "Florencia, Parma, Combray, Balbec... Ciudades de la imaginación en el mundo de En busca del tiempo perdido", en *Espacios imaginarios,* y "Teoría narrativa" en Aproximaciones. Lecturas del texto. En los ámbitos nacional e internacional ha publicado también cuarenta y ocho artículos sobre teoría y crítica literaria en revistas especializadas y de difusión, sobre autores tan diversos y fundamentales como Shakespeare, Joyce, Proust, Virginia Woolf, George Eliot, Hardy, Cortázar, Donoso, Rulfo o Neruda, entre otros. En el campo de la docencia ha impartido asignaturas y seminarios de investigación a nivel de licenciatura y de posgrado en la Facultad de Filosofía y Letras y en diversas instituciones nacionales y extranjeras. Responsable de la creación del posgrado en Literatura Comparada (1989), asesora del posgrado en Letras Inglesas (1982-1989) y del de Literatura Comparada (1989-1995). Es también fundadora y editora, desde 1996 hasta 2004, de la revista especializada *Poligrafías. Revista de Literatura Comparada.* Su labor docente y de investigación en México y en el extranjero la ha hecho merecedora de varios premios más, como el de Académica Distinguida otorgado por la Queen's University de Canadá en 1994, la "Cátedra Especial Dr. Samuel Ramos" (1992 y 1994), el Premio Universidad Nacional 1996 en Docencia en Humanidades; también es miembro por elección del Comité Coordinador de Historia Literaria Comparada, de la Asociación Internacional de Literatura Comparada (AILC/ICLA). Ha recibido como la del Consejo Británico y la Fundación Rockefeller, para realizar estudios de posgrado y estancias de investigación. Asimismo, pertenece al Sistema Nacional de Investigadores desde 1984, donde en tres ocasiones ha sido renovado su nombramiento en el Nivel III.

Adriana Quiroga Zuluaga

Nace en Santafé de Bogotá, Colombia, en 1973. Maestra en Arquitectura (Mención Honorífica, UNAM, 2001). Concluye sus estudios universitarios en la Facultad de Arquitectura de la Universidad Piloto de Colombia en 1996, trabajó en proyectos arquitectónicos de vivienda de interés social. Diplomada en Consultoría Ambiental en la UNAM. Tomó seminarios en Teoría e Historia de la Arquitectura en la Universidad Piloto de Colombia y la

Universidad Nacional de Colombia. Durante el tiempo de estudios de postgrado estuvo becada por la Secretaría De Educación Pública de México, en el año de 1999 forma parte del grupo fundador de la revista de Internet www.architecthum.edu.mx y es coordinadora general de ésta. De 2001 al 2002 trabajó en el área arquitectónica en el ámbito de: Diseño, auditoria, consultoría y valoración de proyectos.

Alejandro Sanz Santillán
Licenciado en Artes Plásticas, Mención Pintura por la Universidad Mayor de San Andrés, La Paz, Bolivia 2001. Diplomado en Filosofía e Historia del Arte UMSA 2001, Diplomado en Diseño de Proyectos Educativos para la Educación Superior UMSA 2002, Diplomado en Teoría e Historia de la Arquitectura, Arte y Urbanismo del Siglo XX UMSA 2005. Docente Invitado de Historia del Arte de la Universidad Nuestra Señora de La Paz 2003-2004, Docente Titular de Historia del Arte Americano y Nacional II de la Universidad Mayor de San Andrés desde el 2005. Fue Mención de Honor en Crítica de Arte Salón Murillo 2003, Primer Premio en Dibujo Salón Artes UMSA 1999 y Premio Único en Diseño Asociación de Artistas Plásticos 2000

Otros títulos de la Colección **Arquitectura y Humanidades**:

Volumen 1:
Perspectivas de la arquitectura desde las humanidades I

Volumen 2:
Poética arquitectónica I

Volumen 3:
Espacios Imaginarios I

Volumen 4:
Arquitectura y lo sagrado I

Volumen 5:
Historiografías e interpretaciones de los hechos arquitectónicos I

Volumen 6:
Arquitectura, lugar y ciudad I

Volumen 7:
Paisajes arquitectónicos I

Volumen 8:
Existiendo, habitando lo arquitectónico I

Volumen 9:
Un encuentro de la arquitectura con las artes I

Volumen 10:
Enfoques de la arquitectura desde la filosofía I

Volumen 11:
El espacio privado e íntimo I

Volumen 12:
Reflexiones en torno a un método del diseño arquitectónico I

www.ingramcontent.com/pod-product-compliance
Lightning Source LLC
Chambersburg PA
CBHW020905090426
42736CB00008B/500